교과서가 머리에 쏙쏙 들어오고! 시험 문제가 술술 풀리늬

놀라운 학습도구어

다산스쿨 교육연구소 지음

3

다산
스쿨

○교과서를 읽지 못하는 아이들

요즘 아이들은 글을 읽지 못해서 시험 문제를 풀지 못한다고 합니다. 우리 아이는 한글을 잘 읽는데, 이게 무슨 말일까요?

아이가 만나는 모든 교과서와 시험 문제는 수많은 어휘로 이루어져 있습니다. 따라서 어휘의 뜻을 제대로 해석하지 못한다면 글을 읽는다고 할 수 없지요. 글을 읽지 못하면 모든 과목에서 지식을 습득하기 어렵고, 이는 문제를 푸는 능력에도 영향을 미칩니다. 왜 이런 일이 일어날까요?

답은 현저히 낮은 아이들의 문해력에서 찾을 수 있습니다. '문해력'이란 글을 읽고 쓸 수 있는 능력을 말합니다. 단순히 글자를 읽는 것이 아니라, 사고 과정을 통해서 글의 맥락을 파악하고 표현할 수 있는 능력이지요. 교과목이 늘어나고 본격적인 학습이 등장하는 초등 3학년 시기가 되면, 문해력이 부족한 아이는 고급 어휘들을 이해하지 못하면서 학습 격차가 발생하기 시작합니다. 그래서 초등 저학년 시기에 문해력의 기초를 탄탄하게 다져 놓아야 합니다.

○교과 학습의 키, 학습도구어!

문해력은 어떻게 향상시킬 수 있을까요? 많은 전문가가 문해력의 가장 기본 요소로 어휘를 제시하고 있습니다. 소릿값이 합쳐져 이루어진 단어를 읽고 그 의미를 바로 파악하는 어휘력이 문해력의 시작입니다.

일상에서 자유롭게 대화를 하던 아이들이 갑자기 머리를 쥐어짜게 만드는 어휘가 있는데, 이것이 바로 '학습도구어'입니다. 학습도구어는 교과서와 같은 학술 텍스트에서 자주 사용되는 어휘로, 교과서를 읽고 사고를 정교화하기 위해 필수적으로 알아야 하는 단어입니다. 학습도구어를 아는 것은 교과 이해도를 높이는 데 필수적이고, 이는 결국 학습 실력의 차이로 이어집니다.

> • 다음 장면과 관련이 없는 것을 골라 보세요.
> • 지도는 사용 목적에 따라 구분할 수 있다.
> • 일정한 규칙으로 나열된 숫자를 보고, 아래 문제를 풀어 보세요.

우리 아이는 교과서, 수행 평가, 시험 문제 등에서 이런 문장을 접하게 됩니다. '장면, 관련, 목적, 구분, 일정, 규칙'은 해당 과목의 지식 내용은 아니지만, 모르면 문장을 이해할 수 없는 중요한 어휘, 학습도구어입니다. 이를 모르는 아이는 결국 사회 교과서에서 설명하는 지도의 내용을 이해하기 어렵고, 덧셈과 뺄셈을 할 수 있어도 수학 문제를 풀지 못합니다. 문장 속 교과 지식이 아니라 문장을 이루는 학습도구어를 어려워하는 것이지요. 게다가 고학년으로 올라갈수록 교과서에 등장하는 학습도구어는 더욱 어려워집니다. 따라서 교과 지식을 받아들이고 인출하기 위해서는 학습도구어를 정확하게 학습하고 활용할 수 있어야 합니다.

●핵심 학습도구어와 수백 개의 확장 어휘를 한눈에 익히는 책

학습도구어의 중요성을 알아도 아이의 학년에 맞는 어휘를 하나하나 찾아서 가르치기란 쉽지 않습니다. 그래서 본 책에서는 초등 저학년에 꼭 필요한 100개의 학습도구어를 선정하고 이로부터 600여 개의 어휘를 확장해서 학습하도록 구성했습니다.

핵심 어휘는 초등 1~3학년 교과서를 기반으로 주요 학습도구어를 추출한 뒤, 국립국어원 『현대 국어 사용 빈도 조사』 보고서의 빈도 순위를 반영하여 선정했습니다. 아이들은 다섯 권의 책을 통해 1일 1학습도구어를 익히며 쉽고 재미있게 어휘력을 키우고, 핵심 어휘와 관련된 단어들을 연결하며 점진적으로 어휘를 확장해 갈 수 있습니다. 또한 핵심 학습도구어가 나오는 생활 만화를 통해 단어가 쓰이는 맥락과 상황을 익숙하게 받아들이게 됩니다. 뿐만 아니라 속담과 사자성어, 관용어 등을 학습하면서 단어에서 문장으로 사고를 확장하고, 이를 바탕으로 해당 단어를 문장과 문단 속에 적용하는 활동을 하면서 언어 능력을 향상시킬 수 있습니다.

●초등 학습의 시작, 학습도구어!

우리 아이가 학교 수업을 잘 이해하고 표현했으면 하는 마음은 모두 같습니다. 본격적인 읽기가 시작되는 문해력 입문기의 아이에게 학습도구어는 그 길을 열어 주는 도구가 될 것입니다.

다산스쿨 교육연구소

이 책의 구성

1일 1어휘 학습하기

우리 아이에게 꼭 필요한 학습도구어를 하루에 하나씩
아이들의 눈높이에 맞춰 익힐 수 있습니다.

공부한 날짜를 쓰고 오늘의
어휘를 학습합니다.

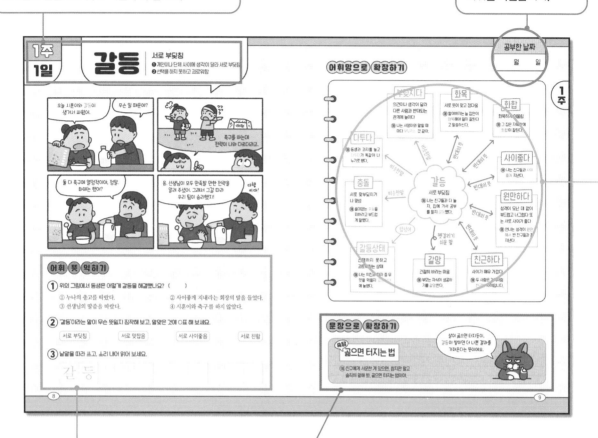

어휘 뜻 익히기

생활 만화를 통해 어휘의
쓰임을 알고, 문제를 풀며
어휘를 확인합니다.

문장으로 확장하기

속담, 사자성어, 관용어 등을
알아보며 어휘의 쓰임을 이
해합니다.

어휘망으로 확장하기

어휘망으로 오늘의 핵심 어휘와
관련된 주변 어휘까지 한눈에
학습할 수 있습니다.

확장 어휘

비슷한말: 핵심 단어와 같은 맥락에서 쓸 수 있는 유사한 뜻의 단어

반대의 뜻: 핵심 단어와 반대의 상황에서 쓸 수 있는 서로 다른 단어

파생어: 핵심 단어에 '-력, -화'와 같은 접사를 붙여 새로운 뜻을 표현하는 단어

합성어: 핵심 단어에 또 다른 단어가 결합해 생성된 단어

활용: 핵심 단어를 일상에서 자유롭게 확장하여 쓰는 말

헷갈리기 쉬운 말: 핵심 단어와 발음이 같거나 유사하지만 다른 뜻을 가진 단어

속담: 예로부터 전해 내려오는 삶에 대한 교훈이나 주의를 표현한 짧은 글 또는
　　　가르침을 주는 말

사자성어: 한자 네 자로 이루어진 옛말로, 교훈이나 유래를 담고 있음.

관용어: 두 개 이상의 단어로 이루어져서 특수한 의미를 나타내는 어구

―― (실선): 핵심 단어와
　　　　　관련성이 강함.

- - - (점선): 핵심 단어와
　　　　　관련성이 약함.

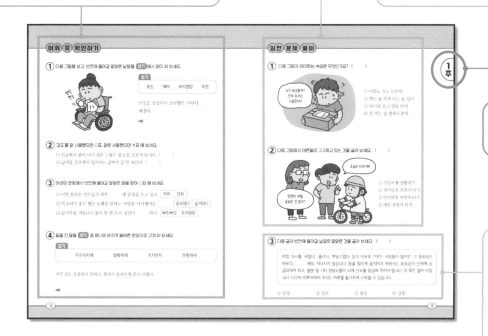

학습하는 주를 한눈에
알 수 있습니다.

한 편의 글 속에 들어
갈 단어를 찾으면서
어휘에 대한 이해도
를 한 단계 높이고 독
해력과 사고력을 키웁
니다.

확인 학습

한 주 동안 배운 핵심 어휘와 주변의 확장 단어를 포괄적으로 확인할 수
있습니다. 한 주간 학습한 단어를 잘 기억하고 있는지 점검해 봅니다.

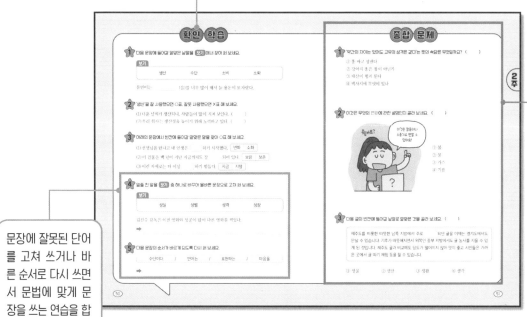

종합 문제

한 주를 완성하는 실
전 문제를 통해, 각 주
의 단어를 활용하면
서 마무리할 수 있습
니다.

문장에 잘못된 단어
를 고쳐 쓰거나 바
른 순서로 다시 쓰면
서 문법에 맞게 문
장을 쓰는 연습을 합
니다.

차례

우리 아이 학습을 끌어 주는 열쇠! 학습도구어

④

결정
관련
근거
다양
대책

부정
비교
생략
실제
요약

원칙
유지
의도
이성
조사

지시
참고
취급
한계
현실

⑤

개발
객관
결론
고려
독특

명백하다
무시
반복
상징
예외

우선
의식하다
제공
제한
증가

추리
탐구
표시
핵심
형식

초등 학습에 꼭 필요한
100개의 학습도구어와
600여 개의 확장 어휘를
학습해 보세요!

★정답은 96쪽에서 확인할 수 있습니다.

갈등

서로 부딪침
❶ 개인이나 단체 사이에 생각이 달라 서로 부딪침
❷ 선택을 하지 못하고 괴로워함

어휘 뜻 익히기

(1) 위의 그림에서 동생은 어떻게 갈등을 해결했나요? (   )

① 누나의 충고를 따랐다.   ② 사이좋게 지내라는 회장의 말을 들었다.

③ 선생님의 말씀을 따랐다.   ④ 시훈이와 축구를 하지 않았다.

(2) '갈등'이라는 말이 무슨 뜻일지 짐작해 보고, 알맞은 것에 ○표 해 보세요.

서로 부딪침   서로 맞잡음   서로 사이좋음   서로 친함

(3) 낱말을 따라 쓰고, 소리 내어 읽어 보세요.

갈	등					

어휘망으로 확장하기

부딪치다
의견이나 생각이 달라 다른 사람과 반대되는 관계에 놓이다

(예) 나는 서영이와 말할 때마다 부딪치는 것 같아.

화목
서로 뜻이 맞고 정다움

(예) 할아버지는 늘 집안이 화목해야 일이 잘된다고 말씀하신다.

화합
화목하게 어울림

(예) 그 집은 자매간에 화합이 잘된다.

다투다
(예) 동생과 과자를 놓고 다투다가 똑같이 나누기로 했다.

충돌
서로 맞부딪치거나 맞섬

(예) 쓸데없는 충돌을 피하려고 부드럽게 말했다.

비슷한말

비슷한말

반대의 뜻

반대의 뜻

사이좋다
(예) 나는 친구들과 사이좋게 지낸다.

반대의 뜻

갈등
서로 부딪침

(예) 나는 친구들과 더 놀지, 집에 가서 공부를 할지 갈등했다.

원만하다
성격이 모난 데 없이 부드럽고 너그럽다 또는 서로 사이가 좋다

(예) 언니는 성격이 원만해서 반 친구들과 잘 지낸다.

합성어

헷갈리기 쉬운 말

반대의 뜻

갈등상태
선택하지 못하고 괴로워하는 상태

(예) 나는 치킨과 피자 중 무엇을 먹을지 갈등상태에 놓였다.

갈망
간절히 바라는 마음

(예) 부모는 자식이 성공하기를 갈망한다.

친근하다
사이가 매우 가깝다

(예) 두 사람은 가족처럼 친근한 사이입니다.

문장으로 확장하기

(속담) 곪으면 터지는 법

(예) 친구에게 서운한 게 있으면, 참지만 말고 솔직히 말해 봐. 곪으면 터지는 법이야.

살이 곪으면 터지듯이, 갈등이 쌓이면 더 나쁜 결과를 가져온다는 뜻이에요.

① 다음 그림을 보고, 빈칸에 들어갈 알맞은 낱말을 보기 에서 찾아 써 보세요.

보기

| 충고 | 충성 | 충돌 | 충분 |

나와 형은 성격이 너무 달라서 ⬜ (이)가 많다.

➡ _____

② '갈등'을 잘 사용했으면 ○표, 잘못 사용했으면 ✕표 해 보세요.

(1) 물을 마시고 또 마셔도 계속 갈등이 났다. (　　　)

(2) 갈등을 해결하기 위해서는 대화가 필요하다. (　　　)

③ 아래의 문장에서 빈칸에 들어갈 알맞은 말을 찾아 ○표 해 보세요.

(1) 동생과 과자를 놓고 ⬜ 가 똑같이 나누기로 했다. 　[다양하다 | 다투다]

(2) 그 집은 자매간에 ⬜ 이 잘된다. 　[화합 | 종합]

(3) 회장은 전학 온 친구를 도와주며 늘 ⬜ 하게 대해 주었다. 　[불친절 | 친근]

④ 밑줄 친 말을 보기 중 하나로 바꾸어 올바른 문장으로 고쳐 써 보세요.

보기

| 부딪쳐서 | 충돌해서 | 괴로워서 | 원만해서 |

언니는 성격이 <u>나빠서</u> 반 친구들과 잘 지낸다.

➡ _____

1 다음 그림에 어울리는 속담은 무엇인가요? (   )

① 빈 수레가 요란하다
② 웃는 집에 복이 있다
③ 하나만 알고 둘은 모른다
④ 곪으면 터지는 법

2 다음 그림을 보고, 아빠와 아들이 갈등하고 있는 이유를 골라 보세요. (   )

① 자기 할 일을 잘해서
② 매일 게임을 오랫동안 해서
③ 아빠와 게임을 하지 않아서
④ 남는 시간에 운동을 해서

3 다음 글의 빈칸에 들어갈 낱말로 알맞은 것을 골라 보세요. (   )

> 욕심꾸러기 형은 부모님이 돌아가시자, 동생에게 낡은 오두막집 한 채와 사과나무 한 그루만 주고 집에서 내쫓아 버렸어요. 그런데도 마음씨 착한 동생은 형에게 아무런 불평도 하지 않았지요.
> '이런 일로 형과 [   ]하며 다툰다면 하늘에서 엄마, 아빠가 얼마나 슬퍼하시겠어?'
> 동생의 착한 마음 덕분인지 사과나무는 무럭무럭 자랐어요. 얼마 뒤에는 맛있는 열매도 주렁주렁 열렸지요.

① 화목   ② 화합   ③ 갈등   ④ 친근

강조

두드러지게 함

어떤 것을 특히 두드러지게 하거나 강하게 주장한다는 뜻이에요.

회장, 아이들이 아무도 숙제를 제출하지 않았구나.

제가 친구들에게 꼭 오늘까지 숙제를 내야 한다고 강조했으니 곧 낼 거예요.

역시 믿음직스럽구나!

그럼 회장만 믿는다!

선생님, 지금 하신 말씀도 한 번 강조해 주시겠어요? 특히 믿음직스럽다는 부분이요.

어휘 뜻 익히기

① 위의 그림에서 회장은 친구들에게 무엇을 강조해서 말했나요? (   )

① 숙제를 오늘까지 내야 한다는 점
② 내가 회장이라는 점
③ 선생님이 회장을 좋아한다는 점
④ 자신이 숙제를 했다는 점

② '강조'라는 말이 무슨 뜻일지 짐작해 보고, 알맞은 것에 ○표 해 보세요.

빠지게 함   비슷하게 함   두드러지게 함   숨기게 함

③ 낱말을 따라 쓰고, 소리 내어 읽어 보세요.

강 조

어휘망으로 확장하기

두드러지다

겉으로 드러나서 뚜렷하다

(예) 팔에 힘을 주면 근육이 두드러져 보인다.

강화

세력이나 힘을 더 강하게 함

(예) 이번 훈련은 선수들의 체력 강화에 중점을 두고 있다.

약화하다

세력이나 힘이 약해지다 또는 약해지게 하다

(예) 엄청난 비를 뿌리던 비구름의 세력이 점차 약화하고 있다.

돋보이다

훌륭하거나 뛰어나 여럿 중에서 도드라져 보이다

(예) 목소리가 좋은 형은 노래를 잘하는 사람들 사이에서도 돋보였다.

흐지부지

확실하게 하지 못하고 흐리멍덩하게 넘어가거나 넘기는 모양

(예) 아무것도 결정하지 못하고, 회의가 흐지부지 끝나 버렸다.

강조

두드러지게 함

(예) 소방청은 불이 나기 쉬운 11월을 불조심 강조의 달로 정했다.

비슷한말 / 비슷한말 / 반대의 뜻 / 반대의 뜻 / 반대의 뜻 / 반대의 뜻 / 비슷한말 / 활용 / 헷갈리기 쉬운 말

뚜렷하다

흐리지 않고 분명하다

(예) 안경을 닦았더니 흐릿했던 시야가 뚜렷해졌다.

흐리멍덩하다

정신이 맑지 못하고 흐리다 또는 옳고 그름의 구별이나 하는 일 등이 분명하지 않다

(예) 감기약을 먹었더니 잠이 덜 깬 듯이 정신이 흐리멍덩하다.

강조 사항

(예) 알림문의 강조 사항은 오늘 에어컨을 켜지 말라는 것이었다.

강요

억지로 요구함

(예) 민주는 아빠의 강요로 관심 없는 피아노 수업을 듣고 있다.

흐릿하다

(예) 거울에 먼지가 쌓여서 내 얼굴이 흐릿하게 보였다.

문장으로 확장하기

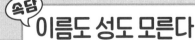

(속담) 이름도 성도 모른다

전혀 모르는 사람임을 강조하여 이르는 속담이에요.

(예) 이름도 성도 모르는 사람과 계속 대화했다고?

1 다음 그림을 보고, 빈칸에 들어갈 알맞은 낱말을 보기 에서 찾아 써 보세요.

보기

| 흐릿 | 애매 | 흐리멍덩 | 뚜렷 |

안경을 닦았더니 흐릿했던 시야가 [   ] 해졌다.

➡ _____

2 '강조'를 잘 사용했으면 ○표, 잘못 사용했으면 ✕표 해 보세요.

(1) 건조해서 불이 나기 쉬운 11월은 불조심 강조의 달이다. (   )
(2) 글씨를 강조해서 멀리서는 글씨가 잘 안 보인다. (   )

3 아래의 문장에서 빈칸에 들어갈 알맞은 말을 찾아 ○표 해 보세요.

(1) 이번 훈련은 선수들의 체력 [   ]에 중점을 두고 있다. | 약화 | 강화 |

(2) 목소리가 좋은 형은 노래를 잘하는 사람들 사이에서도 [   ]. | 돋보였다 | 숨겨졌다 |

(3) 감기약을 먹었더니 잠이 덜 깬 듯이 정신이 [   ]하다. | 빠릿빠릿 | 흐리멍덩 |

4 밑줄 친 말을 보기 중 하나로 바꾸어 올바른 문장으로 고쳐 써 보세요.

보기

| 두드러지게 | 정확하게 | 흐지부지 | 뚜렷하게 |

아무것도 결정하지 못하고, 회의가 <u>돋보이게</u> 끝나 버렸다.

➡ _____

① 다음 그림이 의미하는 속담은 무엇인가요? (   )

① 이름도 성도 모른다

② 뛰는 놈 위에 나는 놈 있다

③ 하나를 보고 열을 안다

④ 못 먹는 감 찔러나 본다

② 다음 그림에서 어른들이 강조하고 있는 것을 골라 보세요. (   )

① 건강하게 생활하기

② 재미있게 자전거 타기

③ 안전하게 자전거 타기

④ 매일 자전거 타기

③ 다음 글의 빈칸에 들어갈 낱말로 알맞은 것을 골라 보세요. (   )

> 아침 식사를 '귀찮다', '졸리다', '부담스럽다' 등의 이유로 거르는 사람들이 많지만, 그 중요성은
> 아무리 [   ] 해도 지나치지 않습니다. 몸을 힘차게 움직이기 위해서는 포도당이 신체에 공
> 급되어야 하고, 철분 및 기타 영양소들이 뇌에 산소를 공급해 주어야 합니다. 이 모든 일이 아침
> 식사 시간에 이루어져야 우리는 하루를 활기차게 시작할 수 있습니다.

① 신청   ② 강조   ③ 창조   ④ 신중

공통

같거나 통함

둘 또는 그 이상의 여럿 사이에서 같거나 두루
통하고 관계있는 것을 나타내는 말이에요.

은솔이와 나는 서로 공통점이
많아서 친해졌어.

그래? 어떤 공통점이 있어?

체육 시간을 좋아하고,
편식하지 않고,
캠핑을 좋아하고,
축구하는 것도
좋아하고, 또….

둘 다 매우 건강할 것
같다는 게 삼촌과 나의
공통 생각이야.

하하하, 한 그릇
더 가져왔어.

어휘 뜻 익히기

① 위의 그림에서 알 수 있는 은솔이와 나의 공통점이 <u>아닌</u> 것은 무엇인가요? (   )

① 체육 시간을 좋아한다.   ② 편식하지 않는다.
③ 캠핑을 좋아한다.   ④ 축구 경기를 싫어한다.

② '공통'이라는 말이 무슨 뜻일지 짐작해 보고, 알맞은 것에 ○표 해 보세요.

전혀 다름   달라서 통함   같거나 통함   비슷하지만 다름

③ 낱말을 따라 쓰고, 소리 내어 읽어 보세요.

공	통						

어휘망으로 확장하기

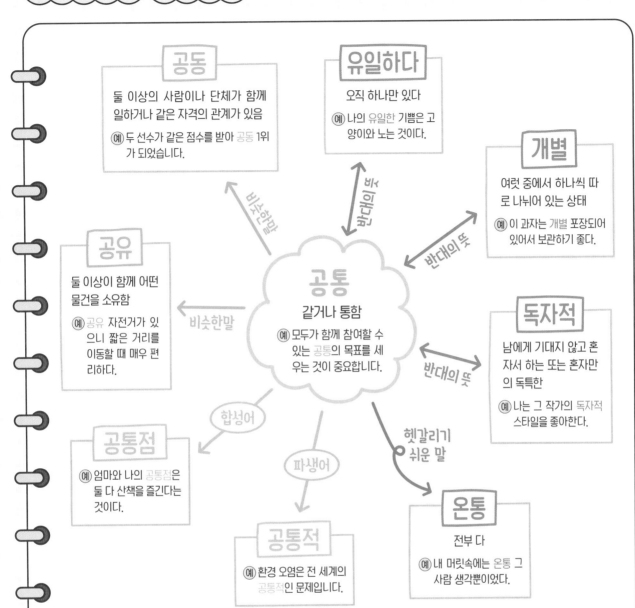

공동

둘 이상의 사람이나 단체가 함께 일하거나 같은 자격의 관계가 있음

(예) 두 선수가 같은 점수를 받아 공동 1위가 되었습니다.

유일하다

오직 하나만 있다

(예) 나의 유일한 기쁨은 고양이와 노는 것이다.

개별

여럿 중에서 하나씩 따로 나뉘어 있는 상태

(예) 이 과자는 개별 포장되어 있어서 보관하기 좋다.

공유

둘 이상이 함께 어떤 물건을 소유함

(예) 공유 자전거가 있으니 짧은 거리를 이동할 때 매우 편리하다.

공통

같거나 통함

(예) 모두가 함께 참여할 수 있는 공통의 목표를 세우는 것이 중요합니다.

독자적

남에게 기대지 않고 혼자서 하는 또는 혼자만의 독특한

(예) 나는 그 작가의 독자적 스타일을 좋아한다.

공통점

(예) 엄마와 나의 공통점은 둘 다 산책을 즐긴다는 것이다.

공통적

(예) 환경 오염은 전 세계의 공통적인 문제입니다.

온통

전부 다

(예) 내 머릿속에는 온통 그 사람 생각뿐이었다.

비슷한말 / 반대의뜻 / 비슷한말 / 반대의 뜻 / 반대의 뜻 / 합성어 / 파생어 / 헷갈리기 쉬운 말

문장으로 확장하기

공통된 이야기를 하더라도, 어떻게 말하느냐에 따라 아주 다르게 들린다는 속담이에요.

(속담) 같은 말이라도 아 다르고 어 다르다

(예) 같은 말이라도 아 다르고 어 다르다고, 지훈이는 친절하고 공손하게 부탁을 해서 들어줄 수밖에 없더라.

1 다음 그림을 보고, 빈칸에 들어갈 알맞은 낱말을 보기 에서 찾아 써 보세요.

이번에는 꼭 우승한다.

보기

| 공통 | 온통 | 공짜 | 공유 |

이번 야구 경기에서 우승이라는 [ ]의 목표를 세웠다.

➡ _____

2 '공통'을 잘 사용했으면 ○표, 잘못 사용했으면 ✕표 해 보세요.

(1) 이 물건들의 공통점이 무엇인지 알아보자. (   )

(2) 비가 오려는지 하늘이 공통 먹구름이다. (   )

3 아래의 문장에서 빈칸에 들어갈 알맞은 말을 찾아 ○표 해 보세요.

(1) 자연은 인류가 [ ] 하는 거니까 소중히 여겨야 해. | 단일 | 공유 |

(2) 나의 [ ] 기쁨은 책을 읽는 것이다. | 유일한 | 유명한 |

(3) 이 과자는 [ ] 포장되어 있어서 하나씩 보관하기 좋다. | 공통 | 개별 |

4 밑줄 친 말을 보기 중 하나로 바꾸어 올바른 문장으로 고쳐 써 보세요.

보기

| 공중 | 공동 | 단일 | 유일 |

두 선수가 같은 점수를 받아 단독 1위가 되었습니다.

➡ _____

1 다음 말풍선에 들어갈 알맞은 속담은 무엇일까요? (   )

수민이는 좋은 말도 괜히 빈정거려서 듣는 사람의 기분을 상하게 해.

?

① 같은 말이라도 아 다르고 어 다른 건데
② 꿩 대신 닭인데
③ 낫 놓고 기역 자도 모르는데
④ 빈 수레가 요란한데

2 다음 그림을 보고, 엄마와 나의 공통점을 골라 보세요. (   )

엄마! 저는 산에 오르면 기분이 좋아요.

나도 그렇단다.

정상

① 엄마만 등산을 좋아한다.
② 나는 등산을 싫어한다.
③ 둘 다 등산을 싫어한다.
④ 둘 다 등산을 좋아한다.

3 다음 글의 빈칸에 들어갈 낱말로 알맞은 것을 골라 보세요. (   )

총각은 날마다 그림자를 따라서 욕심쟁이 영감의 집에 들어왔어요. 뛰고, 구르고, 춤추고, 뒹굴 뒹굴 아무 데나 드러누웠지요. 보다 못한 욕심쟁이 영감은 그 집을 버리고 떠나 버렸어요. 그러자 총각은 욕심쟁이 영감만의 것이었던 나무 그늘과 기와집을 모든 마을 사람들이 [   ]으로 사용할 수 있는 큰 쉼터로 만들었지요.

① 온통   ② 공통   ③ 고통   ④ 전통

단순

간단한 것
복잡하지 않고 간단한 것을 나타낼 때 써요.

문구쥬

누나, 이게 제일 예쁘다!
이거 살래.

단순히 예쁜 것만 보고
골라도 되겠어?

그럼 뭘 보고
골라야 하는데?

기능도 보고, 가격도 보고,
디자인도 봐야지.

문구쥬

난 단순하게 살게.

피곤해!

어휘 뜻 익히기

(1) 위의 그림에서 동생이 물건을 고른 기준은 무엇인가요? (　　　)

① 예쁜 것　　　② 쓰기 편한 것　　　③ 가격이 싼 것　　　④ 디자인이 이상한 것

(2) '단순'이라는 말이 무슨 뜻일지 짐작해 보고, 알맞은 것에 ○표 해 보세요.

복잡한 것　　　간단한 것　　　어지러운 것　　　어려운 것　　　재미있는 것

(3) 낱말을 따라 쓰고, 소리 내어 읽어 보세요.

단 순

어휘망으로 확장하기

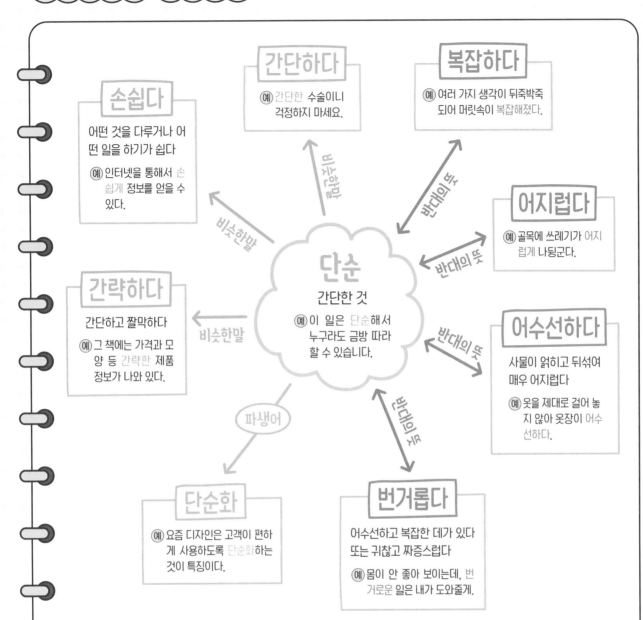

손쉽다
어떤 것을 다루거나 어떤 일을 하기가 쉽다
예 인터넷을 통해서 손쉽게 정보를 얻을 수 있다.

간단하다
예 간단한 수술이니 걱정하지 마세요.

복잡하다
예 여러 가지 생각이 뒤죽박죽 되어 머릿속이 복잡해졌다.

비슷한말

간략하다
간단하고 짤막하다
예 그 책에는 가격과 모양 등 간략한 제품 정보가 나와 있다.

비슷한말

단순
간단한 것
예 이 일은 단순해서 누구라도 금방 따라 할 수 있습니다.

반대의 뜻

어지럽다
예 골목에 쓰레기가 어지럽게 나뒹굴군다.

반대의 뜻

어수선하다
사물이 얽히고 뒤섞여 매우 어지럽다
예 옷을 제대로 걸어 놓지 않아 옷장이 어수선하다.

파생어

단순화
예 요즘 디자인은 고객이 편하게 사용하도록 단순화하는 것이 특징이다.

반대의 뜻

번거롭다
어수선하고 복잡한 데가 있다 또는 귀찮고 짜증스럽다
예 몸이 안 좋아 보이는데, 번거로운 일은 내가 도와줄게.

문장으로 확장하기

단순히 힘으로 우겨 달려들기보다 꾀를 써서 처리하는 것이 손쉽다는 뜻이에요.

속담
힘쓰기보다 꾀쓰기가 낫다

예 힘쓰기보다 꾀쓰기가 낫다고 했어. 상대방이 체격은 더 좋지만, 전략만 잘 짜면 네가 충분히 이길 수 있어.

1 다음 그림을 보고, 빈칸에 들어갈 알맞은 말을 보기 에서 찾아 써 보세요.

보기

| 손쉽게 | 손 놓게 | 발 벗고 | 손잡고 |

언제 어디서든 인터넷을 통해 [   ] 정보를 얻을 수 있다.

➡ _____

2 '단순'을 잘 사용했으면 ○표, 잘못 사용했으면 ✕표 해 보세요.

(1) 방이 너무 단순하니 정리하는 게 어떨까? (   )

(2) 이 일은 단순해서 누구라도 금방 따라 할 수 있다. (   )

3 아래의 문장에서 빈칸에 들어갈 알맞은 말을 찾아 ○표 해 보세요.

(1) 그 책에는 가격과 모양 등 [   ] 제품 정보가 나와 있다. | 간략한 | 간절한 |

(2) [   ] 한 수술이니 걱정하지 마세요. | 복잡 | 간단 |

(3) 옷을 제대로 걸어 놓지 않아 옷장이 [   ]. | 어수선하다 | 깔끔하다 |

4 밑줄 친 말을 보기 중 하나로 바꾸어 올바른 문장으로 고쳐 써 보세요.

보기

| 단순해졌다 | 편해졌다 | 손쉬워졌다 | 복잡해졌다 |

여러 가지 생각이 뒤죽박죽되어 머릿속이 <u>정리되었다</u>.

➡ _____

1 '단순히 힘으로 우겨 달려들기보다 꾀를 써서 처리하는 것이 손쉽다'는 뜻의 속담은 무엇일까요?

( )

① 세 살 적 버릇이 여든까지 간다

② 하룻강아지 범 무서운 줄 모른다

③ 힘쓰기보다 꾀쓰기가 낫다

④ 열 번 찍어 아니 넘어가는 나무 없다

2 다음 그림의 말풍선에 들어갈 말로 적절한 것을 골라 보세요. ( )

민아는 축구를 잘하네. 난 어렵던데.

?

김민아

① 저 꽃이 참 예쁘다!

② 점심은 간단하게 먹자.

③ 내일은 내가 응원하는 야구팀이 이기면 좋겠다!

④ 축구 규칙은 단순한 편이라 너도 금세 배울 거야.

3 다음 글의 빈칸에 들어갈 낱말로 알맞은 것을 골라 보세요. ( )

곤충의 더듬이는 촉각, 후각, 청각, 미각 등을 느끼는 감각 기관입니다. 하지만 개미의 더듬이는 ☐ 감각만 느끼는 것이 아니라 화학 물질이나 공기의 흐름, 진동까지 알아차리고, 서로 더듬이를 마주 대 신호를 보내거나 받기도 합니다.

① 심각하게   ② 단순히   ③ 힘들게   ④ 드물게

대신

떠맡아서 함
❶ 어떤 대상의 자리나 해야 하는 일을 떠맡아서 함 또는 새로 맡은 대상
❷ 앞말이 나타내는 행동이나 상태와 다르거나 반대인 경우를 나타냄

어휘 뜻 익히기

(1) 위의 그림에서 형이 대신할 수 <u>없는</u> 것은 무엇일까요? (   )

① 그림 그리기   ② 악기 연주하기   ③ 수학 문제 풀기   ④ 형에게 사과 편지 쓰기

(2) '대신'이라는 말이 무슨 뜻일지 짐작해 보고, 알맞은 것에 ○표 해 보세요.

떠맡아서 함   하던 일을 계속함   완전히 같음   함께 일함

(3) 낱말을 따라 쓰고, 소리 내어 읽어 보세요.

대	신					

어휘망으로 확장하기

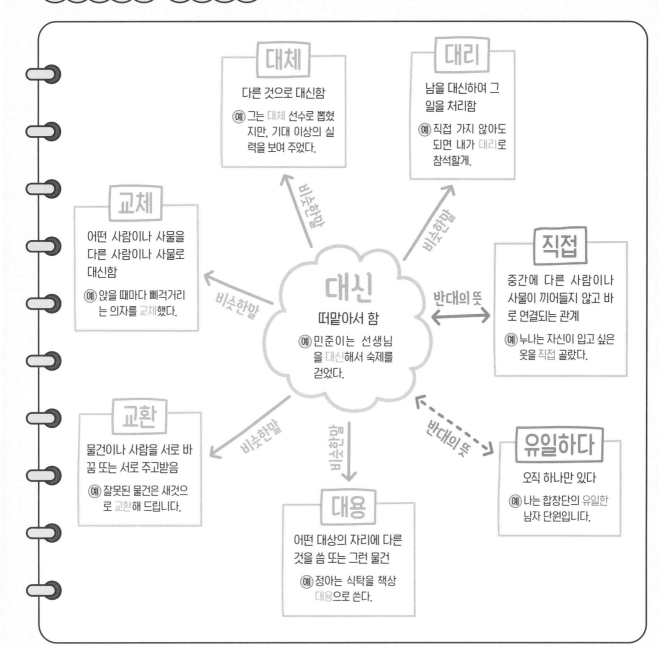

대체

다른 것으로 대신함

(예) 그는 대체 선수로 뽑혔지만, 기대 이상의 실력을 보여 주었다.

대리

남을 대신하여 그 일을 처리함

(예) 직접 가지 않아도 되면 내가 대리로 참석할게.

교체

어떤 사람이나 사물을 다른 사람이나 사물로 대신함

(예) 앉을 때마다 삐걱거리는 의자를 교체했다.

대신

떠맡아서 함

(예) 민준이는 선생님을 대신해서 숙제를 걷었다.

직접

중간에 다른 사람이나 사물이 끼어들지 않고 바로 연결되는 관계

(예) 누나는 자신이 입고 싶은 옷을 직접 골랐다.

교환

물건이나 사람을 서로 바꿈 또는 서로 주고받음

(예) 잘못된 물건은 새것으로 교환해 드립니다.

대용

어떤 대상의 자리에 다른 것을 씀 또는 그런 물건

(예) 정아는 식탁을 책상 대용으로 쓴다.

유일하다

오직 하나만 있다

(예) 나는 합창단의 유일한 남자 단원입니다.

비슷한말 · 반대의 뜻

문장으로 확장하기

속담

꿩 대신 닭

(예) 사고 싶었던 옷이 다 팔려서 꿩 대신 닭이라는 생각으로 이 옷을 샀는데, 잘 어울려서 기분이 좋다.

꼭 적당한 것이 없을 때 그와 비슷한 것으로 대신하는 경우를 뜻하는 속담이에요.

① 다음 그림을 보고, 빈칸에 들어갈 알맞은 낱말을 보기 에서 찾아 써 보세요.

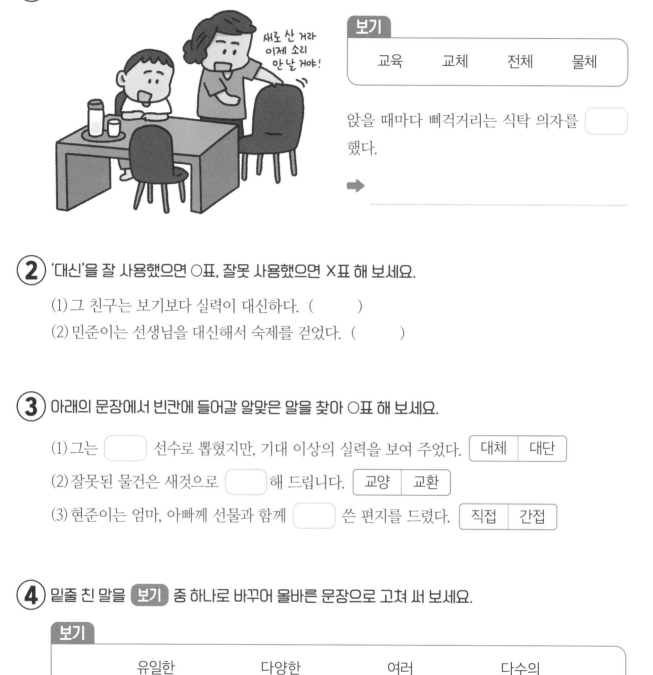

새로 산 거라 이제 소리 안 날 거야!

보기

| 교육 | 교체 | 전체 | 물체 |

앉을 때마다 삐걱거리는 식탁 의자를 [ ] 했다.

➡ _____

② '대신'을 잘 사용했으면 ○표, 잘못 사용했으면 ✕표 해 보세요.

(1) 그 친구는 보기보다 실력이 대신하다. (   )
(2) 민준이는 선생님을 대신해서 숙제를 걷었다. (   )

③ 아래의 문장에서 빈칸에 들어갈 알맞은 말을 찾아 ○표 해 보세요.

(1) 그는 [ ] 선수로 뽑혔지만, 기대 이상의 실력을 보여 주었다. [대체 | 대단]
(2) 잘못된 물건은 새것으로 [ ] 해 드립니다. [교양 | 교환]
(3) 현준이는 엄마, 아빠께 선물과 함께 [ ] 쓴 편지를 드렸다. [직접 | 간접]

④ 밑줄 친 말을 보기 중 하나로 바꾸어 올바른 문장으로 고쳐 써 보세요.

보기

| 유일한 | 다양한 | 여러 | 다수의 |

하나 남은 그 다리가 골짜기를 건널 수 있는 <u>수많은</u> 다리예요.

➡ _____

① 다음 그림에 어울리는 속담은 무엇인가요? (   )

① 우물 안 개구리
② 쏟아진 물
③ 티끌 모아 태산
④ 꿩 대신 닭

② 다음 그림에서 칼 대신 사용할 수 있는 것을 골라 보세요. (   )

① 냄비
② 가위
③ 도마
④ 젓가락

③ 다음 글의 빈칸에 들어갈 낱말로 알맞은 것을 골라 보세요. (   )

> 어느 날 배고픈 여우는 포도밭을 발견했어요. 달콤한 포도가 먹고 싶었던 여우는 포도를 향해 폴짝폴짝 뛰었어요. 하지만 포도는 너무 높은 곳에 있어서 딸 수가 없었지요. 여우는 생각했어요.
> '저 포도는 어차피 시고 맛없을 거야. 포도 ☐ 더 맛있는 것을 찾으러 가야지!'

① 대신   ② 대단   ③ 대답   ④ 대충

1 다음 문장에 들어갈 알맞은 낱말을 보기 에서 찾아 써 보세요.

보기

| 변신 | 확신 | 대신 | 최신 |

배가 별로 안 고프니까 밥 _____ 간식을 먹어야겠어.

2 '공통'을 잘 사용했으면 ○표, 잘못 사용했으면 ×표 해 보세요.

(1) 얼굴이 공통 땀으로 끈적거렸다. (   )
(2) 두 물체의 공통된 성질을 찾아보세요. (   )

3 아래의 문장에서 빈칸에 들어갈 알맞은 말을 찾아 ○표 해 보세요.

(1) 선생님께서는 언제나 정직과 성실을 [   ]하셨다. | 강조 | 구조 |
(2) 목소리가 좋은 형은 노래를 잘하는 사람들 사이에서도 [   ]. | 돋보였다 | 사라졌다 |
(3) 엄청난 비를 뿌리던 비구름의 세력이 점차 [   ] 있다. | 약화하고 | 강요하고 |

4 밑줄 친 말을 보기 중 하나로 바꾸어 올바른 문장으로 고쳐 써 보세요.

보기

| 우정 | 갈등 | 친절 | 안전 |

전래 동화의 결말은 대부분 모든 화합이 해결되면서 행복하게 마무리된다.

➡ _____

5 다음 문장의 순서가 바르게 되도록 다시 써 보세요.

| 단순했다. / 공항에 / 쉽고 / 가는 길은 |

➡ _____

'꼭 적당한 것이 없을 때 그와 비슷한 것으로 대신하는 경우'를 뜻하는 속담은 무엇일까요? ( )

① 꿩 대신 닭

② 가는 날이 장날

③ 엎드려 절 받기

④ 밑져야 본전

 선생님께서 가장 강조해서 말씀하신 것을 골라 보세요. ( )

공부를 잘하고 운동을 잘하는 것도 좋지만, 친구들과 사이좋게 지내면서 추억을 쌓는 일이 진짜 중요해.

① 운동 잘하기

② 음식을 골고루 먹기

③ 국어 공부만 잘하기

④ 친구들과 사이좋게 지내기

 다음 글의 빈칸에 들어갈 낱말로 알맞은 것을 골라 보세요. ( )

국립 청주 박물관은 복잡하고 어두운 실내 구조를 [ ]하고 밝은 분위기로 바꾸어 관람객들이 감상하기 편하게 만들었습니다. 특히 다양한 유물을 시대의 흐름에 따라 전시하여 마치 미술 전시회에 온 듯한 느낌을 줍니다. 또 유물을 보면서 책을 읽고 이야기를 나눌 수 있는 공간도 마련하였습니다.

① 단점   ② 단순   ③ 단결   ④ 단지

변화

달라짐

무엇의 성질이나 모양, 상태가 바뀌어 달라지는 것을 나타내는 말이에요.

준호, 넌 기분 좋을 때나 나쁠 때나 항상 똑같은 표정이야.

맞아. 난 표정에 변화가 별로 없어.

아! 그런데 세영이만 보면, 얼굴색이 변하더라. 굉장히 빨갛던데?

안녕?

아…, 안녕!

후후

앗! 그건…

또 빨개졌네!

아, 아무래도 세영이를 피해 다녀야겠어.

곤란하네….

어휘 뜻 익히기

① 위의 그림에서 준호의 얼굴에 변화가 있을 때는 언제일까요? (   )

① 화났을 때   ② 기분이 나쁠 때   ③ 세영이를 봤을 때   ④ 시험지를 받았을 때

② '변화'라는 말이 무슨 뜻일지 짐작해 보고, 알맞은 것에 ○표 해 보세요.

같음   비슷함   달라짐   가지고 있음   그대로임

③ 낱말을 따라 쓰고, 소리 내어 읽어 보세요.

변 화

어휘망으로 확장하기

2주

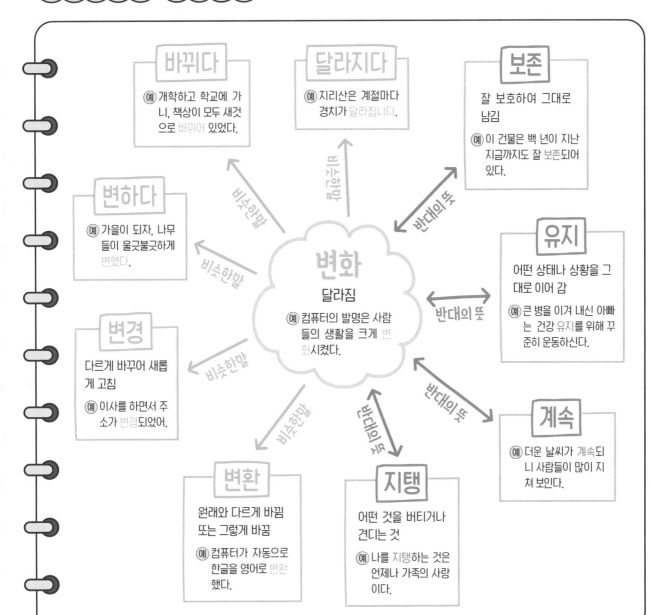

바뀌다

(예) 개학하고 학교에 가니, 책상이 모두 새것으로 바뀌어 있었다.

달라지다

(예) 지리산은 계절마다 경치가 달라집니다.

보존

잘 보호하여 그대로 남김

(예) 이 건물은 백 년이 지난 지금까지도 잘 보존되어 있다.

변하다

(예) 가을이 되자, 나무들이 울긋불긋하게 변했다.

유지

어떤 상태나 상황을 그대로 이어 감

(예) 큰 병을 이겨 내신 아빠는 건강 유지를 위해 꾸준히 운동하신다.

변경

다르게 바꾸어 새롭게 고침

(예) 이사를 하면서 주소가 변경되었어.

변화

달라짐

(예) 컴퓨터의 발명은 사람들의 생활을 크게 변화시켰다.

계속

(예) 더운 날씨가 계속되니 사람들이 많이 지쳐 보인다.

변환

원래와 다르게 바뀜 또는 그렇게 바꿈

(예) 컴퓨터가 자동으로 한글을 영어로 변환했다.

지탱

어떤 것을 버티거나 견디는 것

(예) 나를 지탱하는 것은 언제나 가족의 사랑이다.

비슷한말 · 반대의 뜻

문장으로 확장하기

속담

태산*이 평지**된다

(예) 할아버지께서는 상상만 하던 편리한 가전제품들이 많이 생겨 태산이 평지 된 듯 신기하다고 하셨다.

자연이나 사회의 변화가 몹시 심하다는 뜻이에요.

*태산: 높고 큰 산
**평지: 평평한 땅

어휘 뜻 확인하기

① 다음 그림을 보고, 빈칸에 들어갈 알맞은 낱말을 보기 에서 찾아 써 보세요.

우아~,다 새 거네?

보기

사라졌다   판매되었다   없어졌다   바뀌었다

개학하고 학교에 가니 책상이 모두 새것으로

▢ .

➡ _____

② '변화'를 잘 사용했으면 ○표, 잘못 사용했으면 ✕표 해 보세요.

(1) 감기가 유행할 때는 마스크를 변화한다. (   )

(2) 컴퓨터의 발명은 사람들의 생활을 크게 변화시켰다. (   )

③ 아래의 문장에서 빈칸에 들어갈 알맞은 말을 찾아 ○표 해 보세요.

(1) 이사를 하면서 주소가 ▢ 되었어. | 변경 | 변명 |

(2) 지리산은 계절마다 경치가 ▢ . | 지탱합니다 | 달라집니다 |

(3) 더운 날씨가 ▢ 되니, 사람들이 많이 지쳐 보인다. | 약속 | 계속 |

④ 밑줄 친 말을 보기 중 하나로 바꾸어 올바른 문장으로 고쳐 써 보세요.

보기

유난하기   유지하기   유명하기   유연하기

큰 병을 이겨 내신 아빠는 건강을 <u>유행하기</u> 위해 꾸준히 운동하신다.

➡ _____

1 다음 그림에 어울리는 속담은 무엇인가요? (　　　)

① 산 넘어 산이다

② 티끌 모아 태산

③ 태산이 평지 된다

④ 모래알도 모으면 산이 된다

2 우리나라 계절의 변화로 알맞지 <u>않은</u> 것을 골라 보세요. (　　　)

① 봄에는 새싹이 돋고 꽃이 핀다.

② 여름에는 나뭇잎이 모두 얼어붙는다.

③ 가을에는 나뭇잎이 울긋불긋해진다.

④ 겨울에는 눈이 내린다.

3 다음 글의 빈칸에 들어갈 낱말로 알맞지 <u>않은</u> 것을 골라 보세요. (　　　)

> 모두가 존경하는 헨리 지킬 박사에게는 한 가지 비밀이 있었어요. 그것은 바로 '다른 사람으로
> ⬚ 것'이었지요. 마법의 약을 마신 이후로, 친절하고 점잖은 지킬 박사는 욕심 많고 심술
> 가득한 하이드가 되곤 했어요.

① 바뀌는　　　　② 변하는　　　　③ 보존하는　　　　④ 변화하는

생산

만들어 냄

사람이 생활하는 데 필요한 물건을 만들어 내는 것을 뜻해요.

어휘 뜻 익히기

1 위의 그림에서 아빠가 향만으로도 쉽게 알 수 있는 것은 무엇인가요? ( )

① 커피 기계   ② 커피콩의 생산지   ③ 커피의 가격   ④ 갈비의 종류

2 '생산'이라는 말이 무슨 뜻일지 짐작해 보고, 알맞은 것에 ○표 해 보세요.

옮기는 것   사용해 봄   가져옴   만들어 냄   저절로 함

3 낱말을 따라 쓰고, 소리 내어 읽어 보세요.

생	산			

어휘망으로 확장하기

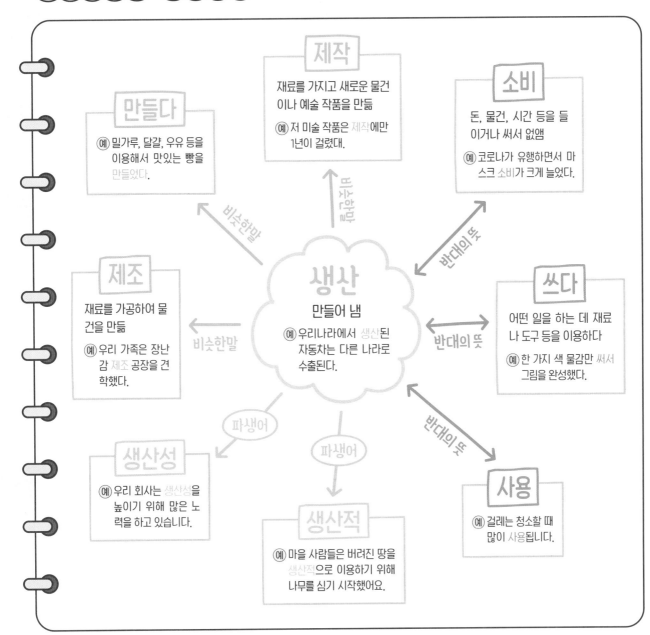

제작
재료를 가지고 새로운 물건
이나 예술 작품을 만듦
예 저 미술 작품은 제작에만
1년이 걸렸대.

만들다
예 밀가루, 달걀, 우유 등을
이용해서 맛있는 빵을
만들었다.

소비
돈, 물건, 시간 등을 들
이거나 써서 없앰
예 코로나가 유행하면서 마
스크 소비가 크게 늘었다.

비슷한말

비슷한말

반대의 뜻

생산
만들어 냄
예 우리나라에서 생산된
자동차는 다른 나라로
수출된다.

제조
재료를 가공하여 물
건을 만듦
예 우리 가족은 장난
감 제조 공장을 견
학했다.

비슷한말

쓰다
어떤 일을 하는 데 재료
나 도구 등을 이용하다
예 한 가지 색 물감만 써서
그림을 완성했다.

반대의 뜻

파생어

파생어

반대의 뜻

생산성
예 우리 회사는 생산성을
높이기 위해 많은 노
력을 하고 있습니다.

생산적
예 마을 사람들은 버려진 땅을
생산적으로 이용하기 위해
나무를 심기 시작했어요.

사용
예 걸레는 청소할 때
많이 사용됩니다.

문장으로 확장하기

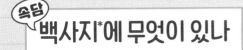

속담
백사지*에 무엇이 있나

예 백사지에 무엇이 있겠니? 이 땅은 영양분이
없어서 아무것도 자랄 수 없어.

모래밭에 무엇이
나겠느냐는 뜻으로,
땅이 메말라 생산되는 것이
없다는 뜻이에요.

*백사지: 흰 모래가 깔린 땅, 곡식이 자라지 못하는 메마른 땅

1 다음 그림을 보고, 빈칸에 들어갈 알맞은 낱말을 보기 에서 찾아 써 보세요.

보기

| 구매했다 | 팔았다 | 가져왔다 | 만들었다 |

밀가루, 달걀, 우유, 버터 등을 이용해서 맛있는
빵을 ☐.

➡ _____

2 '생산'을 잘 사용했으면 ○표, 잘못 사용했으면 ✕표 해 보세요.

(1) 우리나라에서 생산된 장난감은 다른 나라로 수출된다. (   )
(2) 모기를 완전히 생산하려면 약을 뿌려야 한다. (   )

3 아래의 문장에서 빈칸에 들어갈 알맞은 말을 찾아 ○표 해 보세요.

(1) 저 미술 작품은 ☐ 에만 1년이 걸렸대. | 제작 | 제일 |
(2) 우리 가족은 초콜릿 ☐ 공장을 견학했다. | 제공 | 제조 |
(3) 코로나가 유행하면서 마스크 ☐ 가 크게 늘었다. | 소비 | 소수 |

4 밑줄 친 말을 보기 중 하나로 바꾸어 올바른 문장으로 고쳐 써 보세요.

보기

| 써서 | 꺼서 | 가서 | 쳐서 |

한 가지 색 물감만 <u>켜서</u> 그림을 완성했다.

➡ _____

1 다음 그림처럼 '땅이 메말라 생산되는 것이 없다'는 뜻의 속담은 무엇일까요? (   )

땅이 말라서 다 시들었네!

① 백사지에 무엇이 있나

② 못 먹는 감 찔러나 본다

③ 벼는 익을수록 고개를 숙인다

④ 땅에서 솟았나 하늘에서 떨어졌나

2 다음 그림의 과자가 생산된 날짜를 골라 보세요. (   )

감자스낵
바삭 바삭

제조일: 2022년 8월 10일
유통 기한: 2023년 2월 10일

① 2022년 6월 6일

② 2022년 8월 10일

③ 2023년 2월 10일

④ 2023년 8월 10일

3 다음 글의 빈칸에 들어갈 낱말로 알맞은 것을 골라 보세요. (   )

> 산꼭대기로 올라가 나무 밑을 파 보았더니 정말로 빨간 구슬, 파란 구슬이 있었어요. 동생은 할머니가 시킨 대로 파란 구슬만 가지고 집으로 돌아와 마당에 던졌지요. 그러자 파란 구슬에서 번쩍번쩍 값비싼 보물이 마구 쏟아지는 게 아니겠어요? 파란 구슬은 던질 때마다 보물을 □ 냈어요.

① 사용해   ② 흔들어   ③ 옮기어   ④ 만들어

성격

고유한 성질

사람이나 사물의 고유한 성질을 나타내는 말이에요.

지호야, 스마트폰 챙겨야지!

아 맞다! 또 놓고 갈 뻔했네.

민찬아, 넌 정말 꼼꼼한 성격이야.

고마워~

고마우면 아이스크림 사기?

쳇-

어휘 뜻 익히기

① 위의 그림에서 알 수 있는 민찬이의 성격은 무엇일까요? (   )

① 부정적인 성격   ② 꼼꼼한 성격   ③ 이상한 성격   ④ 재미있는 성격

② '성격'이라는 말이 무슨 뜻일지 짐작해 보고, 알맞은 것에 ○표 해 보세요.

고유한 성질   같은 생김새   비슷한 목소리   겉으로 드러나는 모양

③ 낱말을 따라 쓰고, 소리 내어 읽어 보세요.

성 격

어휘망으로 확장하기

2주

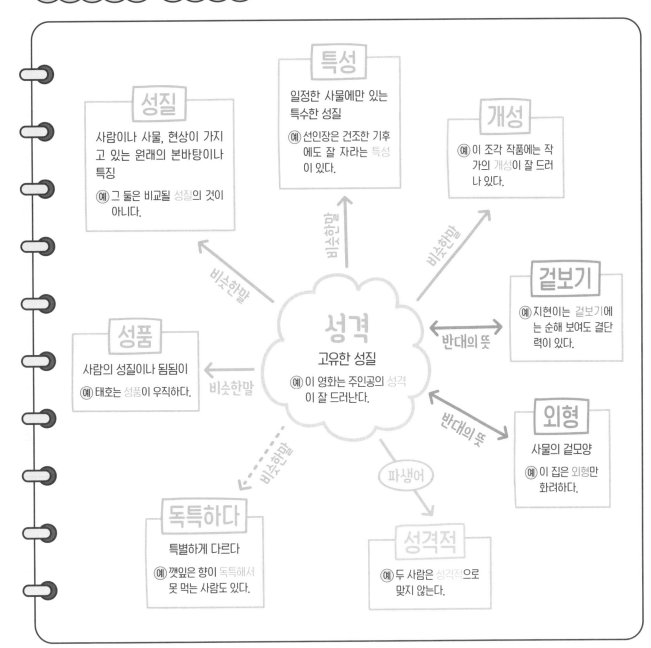

특성

일정한 사물에만 있는 특수한 성질

(예) 선인장은 건조한 기후에도 잘 자라는 **특성**이 있다.

성질

사람이나 사물, 현상이 가지고 있는 원래의 본바탕이나 특징

(예) 그 둘은 비교될 **성질**의 것이 아니다.

개성

(예) 이 조각 작품에는 작가의 **개성**이 잘 드러나 있다.

겉보기

(예) 지현이는 **겉보기**에는 순해 보여도 결단력이 있다.

성품

사람의 성질이나 됨됨이

(예) 태호는 **성품**이 우직하다.

비슷한말

성격

고유한 성질

(예) 이 영화는 주인공의 **성격**이 잘 드러난다.

반대의 뜻

외형

사물의 겉모양

(예) 이 집은 **외형**만 화려하다.

반대의 뜻

비슷한말

파생어

독특하다

특별하게 다르다

(예) 깻잎은 향이 **독특**해서 못 먹는 사람도 있다.

성격적

(예) 두 사람은 **성격적**으로 맞지 않는다.

문장으로 확장하기

약간의 차이는 있어도 고유의 성격은 동일하다는 속담이에요.

속담
강아지 똥은 똥이 아닌가

(예) 강아지 똥은 똥이 아닌가? 아무리 싼 것을 훔쳤다 해도 도둑질은 도둑질이지.

1 다음 그림을 보고, 빈칸에 들어갈 알맞은 낱말을 보기 에서 찾아 써 보세요.

보기

완성	특성	이성	반성

선인장은 건조한 기후에도 잘 자라는 [   ] 을 가지고 있다.

➡ _____

2 '성격'을 잘 사용했으면 ○표, 잘못 사용했으면 ✕표 해 보세요.

(1) 예전에는 지하철에서 책 읽는 성격을 흔히 볼 수 있었다. (   )

(2) 이 영화는 주인공의 성격이 잘 드러나 있다. (   )

3 아래의 문장에서 빈칸에 들어갈 알맞은 말을 찾아 ○표 해 보세요.

(1) 이 조각 작품에는 작가의 [   ]이 잘 드러나 있다. [개인 | 개성]

(2) 깻잎은 향이 [   ]해서 못 먹는 사람도 있다. [독특 | 무난]

(3) 태호는 [   ]이 우직하다. [성품 | 형식]

4 밑줄 친 말을 보기 중 하나로 바꾸어 올바른 문장으로 고쳐 써 보세요.

보기

내면	겉보기	독특함	신기함

지현이는 <u>본보기</u>에는 순해 보여도 결단력이 있다.

➡ _____

1 '약간의 차이는 있어도 고유의 성격은 같다'는 속담은 무엇일까요? (   )

① 개 닭 보듯

② 개똥도 약에 쓰려면 없다

③ 강아지 똥은 똥이 아닌가

④ 하룻강아지 범 무서운 줄 모른다

2 친구들이 생각하는 전래 동화의 성격이 아닌 것을 골라 보세요. (   )

옛날이야기인 전래 동화는 착한 사람은 복을 받고 나쁜 사람은 벌을 받는 것으로 마무리되는 것 같아.

맞아. 대부분이 그런 주제를 가지고 있더라.

① 착한 사람은 복을 받는다.

② 나쁜 사람은 벌을 받는다.

③ 전래 동화 대부분이 비슷한 주제를 담고 있다.

④ 전래 동화는 현대의 이야기를 다루는 동화다.

3 다음 글의 빈칸에 들어갈 낱말로 알맞은 것을 골라 보세요. (   )

현대 음악 연극의 한 형식인 뮤지컬은 줄거리를 바탕으로 음악, 노래, 무용까지 골고루 볼 수 있는 종합 예술의 [   ]을 가지고 있습니다. 같은 음악 연극인 오페라가 주로 문학 작품의 내용을 많이 다루었다면, 뮤지컬은 더 자유롭고 다양한 주제를 다루고 있습니다.

① 성장   ② 성공   ③ 성격   ④ 성적

소비

써서 없애는 것

돈, 물건, 시간 등을 써서 없애는 것을 나타내는 말이에요.

어휘 뜻 익히기

1 위의 그림에서 서진이는 공부하는 데 무엇을 소비했나요? (　　　)

① 돈　　　　　② 힘　　　　　③ 치킨　　　　　④ 물건

2 '소비'라는 말이 무슨 뜻일지 짐작해 보고, 알맞은 것에 ○표 해 보세요.

모두 가지는 것　　　　조금씩 모으는 것　　　　써서 없애는 것　　　　모아서 주는 것

3 낱말을 따라 쓰고, 소리 내어 읽어 보세요.

소	비					

어휘망으로 확장하기

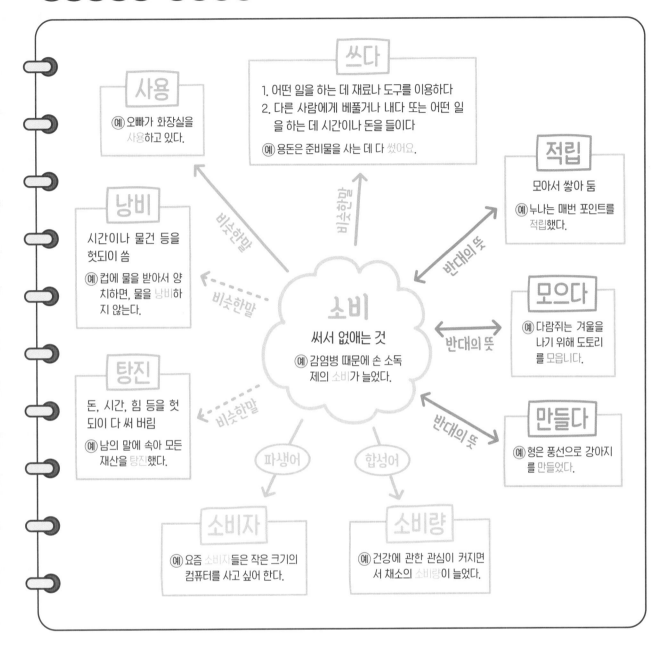

2주

사용
(예) 오빠가 화장실을 사용하고 있다.

쓰다
1. 어떤 일을 하는 데 재료나 도구를 이용하다
2. 다른 사람에게 베풀거나 내다 또는 어떤 일을 하는 데 시간이나 돈을 들이다
(예) 용돈은 준비물을 사는 데 다 썼어요.

적립
모아서 쌓아 둠
(예) 누나는 매번 포인트를 적립했다.

비슷한말

비슷한말

반대의 뜻

낭비
시간이나 물건 등을 헛되이 씀
(예) 컵에 물을 받아서 양치하면, 물을 낭비하지 않는다.

비슷한말

소비
써서 없애는 것
(예) 감염병 때문에 손 소독제의 소비가 늘었다.

반대의 뜻

모으다
(예) 다람쥐는 겨울을 나기 위해 도토리를 모읍니다.

탕진
돈, 시간, 힘 등을 헛되이 다 써 버림
(예) 남의 말에 속아 모든 재산을 탕진했다.

비슷한말

반대의 뜻

만들다
(예) 형은 풍선으로 강아지를 만들었다.

파생어

합성어

소비자
(예) 요즘 소비자들은 작은 크기의 컴퓨터를 사고 싶어 한다.

소비량
(예) 건강에 관한 관심이 커지면서 채소의 소비량이 늘었다.

문장으로 확장하기

사려고 하던 물건이 없어서, 비슷하거나 전혀 다른 물건을 소비하는 경우를 뜻해요.

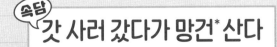
속담
갓 사러 갔다가 망건* 산다

(예) 심부름한다더니 과자만 잔뜩 사 온 게, 꼭 갓 사러 갔다가 망건 산 것 같구나.

*망건: 상투를 틀 때 머리카락이 흘러내리지 않게 머리에 두르는 그물처럼 생긴 물건

어휘 뜻 확인하기

1 다음 그림을 보고, 빈칸에 들어갈 알맞은 낱말을 보기 에서 찾아 써 보세요.

그동안 모은 용돈을 기부하려고요.

정말 훌륭하네요.

보기

| 사실 | 사용 | 내용 | 작용 |

형은 1년간 모은 용돈을 기부하는 데 ⬚ 했다.

➡ _____

2 '소비'를 잘 사용했으면 ○표, 잘못 사용했으면 ✕표 해 보세요.

(1) 감염병 때문에 손 소독제의 소비가 크게 늘었다. (　　)
(2) 누나는 매달 돈을 소비하여 큰돈을 만들었다. (　　)

3 아래의 문장에서 빈칸에 들어갈 알맞은 말을 찾아 ○표 해 보세요.

(1) 컵에 물을 받아서 양치하면, 물을 ⬚ 하지 않는다.　[낭비 | 절약]
(2) 용돈은 준비물을 사는 데 다 ⬚.　[갔어요 | 썼어요]
(3) 형은 풍선으로 강아지를 ⬚.　[여몄다 | 만들었다]

4 밑줄 친 말을 보기 중 하나로 바꾸어 올바른 문장으로 고쳐 써 보세요.

보기

| 실패합니다 | 흔듭니다 | 만듭니다 | 모읍니다 |

다람쥐는 겨울을 나기 위해 도토리를 <u>낭비합니다.</u>

➡ _____

① 다음 그림처럼 '사려고 하던 물건이 없어 비슷하거나 전혀 다른 물건을 소비하는 경우'를 뜻하는 속담은 무엇일까요? (   )

① 티끌 모아 태산
② 굳은 땅에 물이 괸다
③ 되로 주고 말로 받는다
④ 갓 사러 갔다가 망건 산다

② 다음 그래프를 보고, 알 수 있는 것을 골라 보세요. (   )

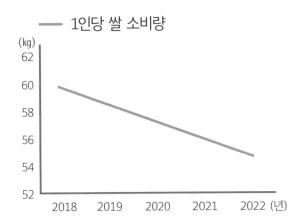

—— 1인당 쌀 소비량

① 쌀 생산량 그래프이다.
② 쌀 수출량 그래프이다.
③ 쌀 소비량은 점점 줄어들고 있다.
④ 쌀 소비량은 점점 늘어나고 있다.

③ 다음 글의 빈칸에 들어갈 말로 알맞은 것을 골라 보세요. (   )

> '후! 후!'
> 북쪽 바람은 있는 힘껏 바람을 불어서 나그네의 외투를 날려 버리려고 했어요. 하지만 바람이 세게 불면 불수록 나그네는 옷을 더 꽁꽁 여몄어요. 결국, 힘을 모두 [   ] 지친 북쪽 바람은 해님에게 차례를 넘겼습니다. 해님은 나그네에게 가까이 다가가 뜨거운 햇빛을 쨍쨍 내리비추었어요. 그러자 나그네는 땀을 흘리며 바로 외투를 벗었지요.

① 써 버리고   ② 가 버리고   ③ 사 버리고   ④ 봐 버리고

수단

이루는 방법
어떤 목적을 이루는 방법 또는 그 도구를 나타내는 말이에요.

어휘 뜻 익히기

1 위의 그림에서 동생의 마음을 나타내는 수단은 무엇인가요? (   )

① 누나를 향한 눈빛과 말투

② 누나의 미심쩍은 표정

③ 누나를 못 본 척하는 것

④ 평소와 같은 행동

2 '수단'이라는 말이 무슨 뜻일지 짐작해 보고, 알맞은 것에 ○표 해 보세요.

상상하는 솜씨   이루는 방법   함께하는 일   시작하는 목적

3 낱말을 따라 쓰고, 소리 내어 읽어 보세요.

수	단					

어휘망으로 확장하기

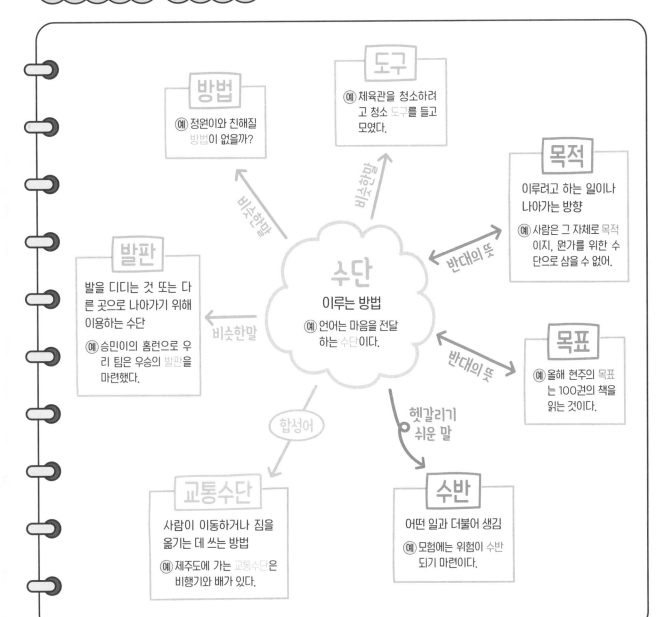

방법
예 정원이와 친해질 방법이 없을까?

도구
예 체육관을 청소하려고 청소 도구를 들고 모였다.

비슷한말

비슷한말

목적
이루려고 하는 일이나 나아가는 방향
예 사람은 그 자체로 목적이지, 뭔가를 위한 수단으로 삼을 수 없어.

반대의 뜻

발판
발을 디디는 것 또는 다른 곳으로 나아가기 위해 이용하는 수단
예 승민이의 홈런으로 우리 팀은 우승의 발판을 마련했다.

비슷한말

수단
이루는 방법
예 언어는 마음을 전달하는 수단이다.

반대의 뜻

목표
예 올해 현주의 목표는 100권의 책을 읽는 것이다.

합성어

헷갈리기 쉬운 말

교통수단
사람이 이동하거나 짐을 옮기는 데 쓰는 방법
예 제주도에 가는 교통수단은 비행기와 배가 있다.

수반
어떤 일과 더불어 생김
예 모험에는 위험이 수반되기 마련이다.

문장으로 확장하기

수단이나 방법을 가리지 않고, 원하는 것을 이루기만 하면 된다는 속담이에요.

속담
모로* 가나 기어가나 서울 남대문만 가면 그만이다

예 어떻게든 이 숙제를 다 끝내자. 모로 가나 기어가나 서울 남대문만 가면 그만이니까.

*모로: 옆으로, 대각선으로

어휘 뜻 확인하기

1 다음 그림을 보고, 빈칸에 들어갈 알맞은 낱말을 **보기** 에서 찾아 써 보세요.

보기

도움	도착	도구	가구

우리는 체육관을 청소하려고 다양한 청소 ☐ (을)를 들고 모였다.

➡ _____

2 '수단'을 잘 사용했으면 ○표, 잘못 사용했으면 ×표 해 보세요.

(1) 언어는 마음을 전달하는 수단이다. (　　　)

(2) 우리는 뜻이 같으니 함께 수단을 이루자. (　　　)

3 아래의 문장에서 빈칸에 들어갈 알맞은 말을 찾아 ○표 해 보세요.

(1) 정원이와 친해질 ☐ 이 없을까?　[방법 | 제법]

(2) 승민이의 홈런으로 우리 팀은 우승의 ☐ 을 마련했다.　[발전 | 발판]

(3) 모험에는 위험이 ☐ 되기 마련이다.　[수반 | 수리]

4 밑줄 친 말을 **보기** 중 하나로 바꾸어 올바른 문장으로 고쳐 써 보세요.

보기

방식	목표	방법	수단

올해 현주의 <u>도구</u>는 100권의 책을 읽는 것이다.

➡ _____

1 '수단이나 방법은 가리지 않고, 원하는 것을 이루기만 하면 된다'는 뜻의 속담은 무엇일까요?

( )

① 급히 먹는 밥이 목이 멘다

② 참새가 방앗간을 그저 지나랴

③ 서울 소식은 시골 가서 들어라

④ 모로 가나 기어가나 서울 남대문만 가면 그만이다

2주

2 다음 그림에서 아이들이 미국으로 가는 데 이용한 교통수단을 골라 보세요. ( )

우리 미국까지 비행기로 10시간 넘게 걸렸어.

그러게. 그래도 재미있었어!

① 버스

② 배

③ 비행기

④ 기차

3 다음 글의 빈칸에 들어갈 낱말로 알맞은 것을 골라 보세요. ( )

추운 겨울이 다가오자 부지런한 나무꾼은 더욱 열심히 도끼로 나무를 베어 땔감*을 마련하고 있었어요. 그러다 실수로 그만 도끼를 연못에 빠뜨렸지 뭐예요?

"아이고, 내 도끼! 이걸 어쩌지? 하나밖에 없는 도끼인데… 좋은 [　　] 이 없을까? 흑!"

나무꾼은 어찌할 줄을 몰라 훌쩍훌쩍 연못 옆에서 울고 있었어요.

그때였어요. 연못 속에서 연기가 모락모락 피어나더니 수염이 긴 산신령이 스르륵 나타나는 게 아니겠어요?

*땔감: 불을 때는 데 쓰는 재료

① 방향　　　　② 방법　　　　③ 방문　　　　④ 방송

⭐1 다음 문장에 들어갈 알맞은 낱말을 보기 에서 찾아 써 보세요.

보기

| 생산 | 수단 | 소비 | 소화 |

유민이는 _____(을)를 너무 많이 해서 늘 용돈이 모자랐다.

⭐2 '생산'을 잘 사용했으면 ○표, 잘못 사용했으면 ✕표 해 보세요.

(1) 더운 날씨가 생산되니, 사람들이 많이 지쳐 보인다. (　　　)

(2) 우리 회사는 생산성을 높이기 위해 노력하고 있다. (　　　)

⭐3 아래의 문장에서 빈칸에 들어갈 알맞은 말을 찾아 ○표 해 보세요.

(1) 선생님을 만나고 내 인생은 [　　　]하기 시작했다. | 변화 | 소화 |

(2) 이 건물은 백 년이 지난 지금까지도 잘 [　　　]되어 있다. | 보람 | 보존 |

(3) 이런 자세로는 더 이상 [　　　]하기 힘들다. | 지금 | 지탱 |

⭐4 밑줄 친 말을 보기 중 하나로 바꾸어 올바른 문장으로 고쳐 써 보세요.

보기

| 성실 | 성별 | 성격 | 성장 |

김진수 감독은 이전 영화와 성공이 많이 다른 영화를 찍었다.

➡ _____

⭐5 다음 문장의 순서가 바르게 되도록 다시 써 보세요.

| 수단이다. / 언어는 / 표현하는 / 마음을 |

➡ _____

'약간의 차이는 있어도 고유의 성격은 같다'는 뜻의 속담은 무엇일까요? (   )

① 똥 싸고 성낸다

② 강아지 똥은 똥이 아닌가

③ 태산이 평지 된다

④ 백사지에 무엇이 있나

 이것은 무엇의 변화에 관한 설명인지 골라 보세요. (   )

뭘까요?

이것은 얼음이나 수증기로 변할 수 있어요!

① 불

② 물

③ 가스

④ 기름

 다음 글의 빈칸에 들어갈 낱말로 알맞은 것을 골라 보세요. (   )

제주도를 비롯한 따뜻한 남쪽 지방에서 주로 [   ]되던 귤을 이제는 경기도에서도 만날 수 있습니다. 기후가 따뜻해지면서 위쪽인 중부 지방에서도 귤 농사를 지을 수 있게 된 것입니다. 제주도 귤과 비교해도 당도가 떨어지지 않아 맛이 좋고 시민들은 가까운 곳에서 귤 따기 체험 등을 할 수 있습니다.

① 생물   ② 생산   ③ 생활   ④ 생각

시기

적당한 때

어떤 일을 하기에 적당한 때나 기회를 나타내는 말이에요.

어휘 뜻 익히기

1 위의 그림에서 일손이 부족해서 시기를 놓칠 뻔한 일은 무엇인가요? (　　　)

① 씨뿌리기　　　　② 모내기　　　　③ 잡초 뽑기　　　　④ 수확하기

2 '시기'라는 말이 무슨 뜻일지 짐작해 보고, 알맞은 것에 ○표 해 보세요.

속상한 상황　　　　적당한 때　　　　적당한 장소　　　　솔직한 마음

3 낱말을 따라 쓰고, 소리 내어 읽어 보세요.

시	기				

어휘망으로 확장하기

기회

어떠한 일을 하는 데 적절한 시기나 경우

예 우리는 주말에 바빠서 만날 기회가 거의 없었다.

지나다

1. 시간이 흘러 그 시기에서 벗어나다
2. 어떤 한도나 시기를 벗어나거나 넘다

예 이 우유는 유통 기한이 지났다.

때

예 민철이는 이번 방학 때 피아노를 배울 생각이다.

비슷한말

반대의 뜻

놓치다

예 헐레벌떡 뛰어갔지만, 지하철을 놓치고 말았다.

시기

적당한 때

예 지금은 여행을 가기에 딱 좋은 시기다.

비슷한말

반대의 뜻

적기

알맞은 시기

예 할머니께서는 밭에 씨를 뿌릴 적기를 놓쳐 속상해하셨다.

비슷한말

헷갈리기 쉬운 말

반대의 뜻

넘다

일정한 시간, 시기, 범위 등에서 벗어나게 되다

예 동생이 여행을 떠난 지 열흘이 넘었다.

시기(猜忌)

남이 잘되는 것을 샘하여 미워함

예 시기와 질투의 마음 없이 진심으로 다른 사람을 축하하기는 쉽지 않다.

3주

문장으로 확장하기

속담
까마귀 날자 배 떨어진다

아무 관계 없이 한 일이 우연히 시기가 같아서 어떤 관계가 있는 것처럼 의심을 받는다는 속담이에요.

예 까마귀 날자 배 떨어진다고, 눈이 마주치자마자 네가 넘어지다니 마치 내가 마법을 쓴 것 같잖아.

어휘 뜻 확인하기

1 다음 그림을 보고, 빈칸에 들어갈 알맞은 낱말을 보기 에서 찾아 써 보세요.

아이고 너무 늦었네.

보기

| 적당 | 적기 | 적극 | 적합 |

할머니께서는 밭에 씨를 뿌릴 [ ] (을)를 놓쳐 속상해하셨다.

➡ _____

2 '시기'를 잘 사용했으면 ○표, 잘못 사용했으면 ✕표 해 보세요.

(1) 지금은 여행을 가기에 딱 좋은 시기다. (   )
(2) 형은 목표를 찾아 계속 시기했다. (   )

3 아래의 문장에서 빈칸에 들어갈 알맞은 말을 찾아 ○표 해 보세요.

(1) 나는 방학 [ ] 피아노를 배울 생각이다. | 곳 | 때 |
(2) 우리는 주말에 바빠서 만날 [ ] 가 거의 없었다. | 기회 | 기후 |
(3) 이 우유는 유통 기한이 [ ]. | 지웠다 | 지났다 |

4 밑줄 친 말을 보기 중 하나로 바꾸어 올바른 문장으로 고쳐 써 보세요.

보기

| 타고 | 놓치고 | 앉고 | 건너고 |

헐레벌떡 뛰어갔지만, 지하철을 <u>잡고</u> 말았다.

➡ _____

1 '아무 관계 없이 한 일이 우연히 시기가 같아서 어떤 관계가 있는 것처럼 의심을 받는다'는 뜻의 속담은 무엇일까요? (   )

① 바늘 따라 실 간다

② 말 갈 데 소 간다

③ 발 없는 말이 천 리 간다

④ 까마귀 날자 배 떨어진다

2 다음 그림의 말풍선에 들어갈 말로 적절하지 <u>않은</u> 것을 골라 보세요. (   )

① 벌써 이렇게 추운 시기가 오다니!

② 바람이 많이 부네. 쌀쌀하다.

③ 얼마 뒤면 입동이니, 곧 겨울이 오겠어.

④ 아직 가을 옷을 입을 때는 아니야.

3 다음 글의 빈칸에 들어갈 낱말로 알맞은 것을 골라 보세요. (   )

> 잡아 온 사람들이 창고에 있는지 확인한 거인은 쿨쿨 잠을 자기 시작했어요.
> "옳지, 지금이 ☐☐☐(이)야!"
> 아들은 거인이 자는 안방에 살금살금 들어가 벼룩을 풀었어요. 벼룩은 통통 튀어 거인을 사정없이 깨물기 시작했지요.
> "어이쿠, 이게 뭐야! 가려워서 잠을 잘 수가 없잖아. 안 되겠다, 마루로 가서 자야겠어."

① 실패   ② 거짓   ③ 기회   ④ 포기

요구

달라고 하는 것

필요하거나 받아야 할 것을 달라고 할 때 쓰는 말이에요.

숙제 공책이 어디 갔지?

누나, 내가 공책 찾아 주면 내 요구를 들어줄 거야?

응?

우선, 지금 떡볶이가 먹고 싶고, 또….

얼씨구~

공책, 빨리 안 내놔?

쳇! 들켰네.

어휘 뜻 익히기

1 위의 그림에서 동생이 요구한 것은 무엇인가요? (   )

① 숙제 　　　　② 떡볶이 　　　　③ 공책 　　　　④ 지도

2 '요구'라는 말이 무슨 뜻일지 짐작해 보고, 알맞은 것에 ○표 해 보세요.

달라고 하는 것 　　　　주는 것 　　　　없애는 것 　　　　그대로 두는 것

3 낱말을 따라 쓰고, 소리 내어 읽어 보세요.

| 요 | 구 | 요 | 구 | | |

어휘망으로 확장하기

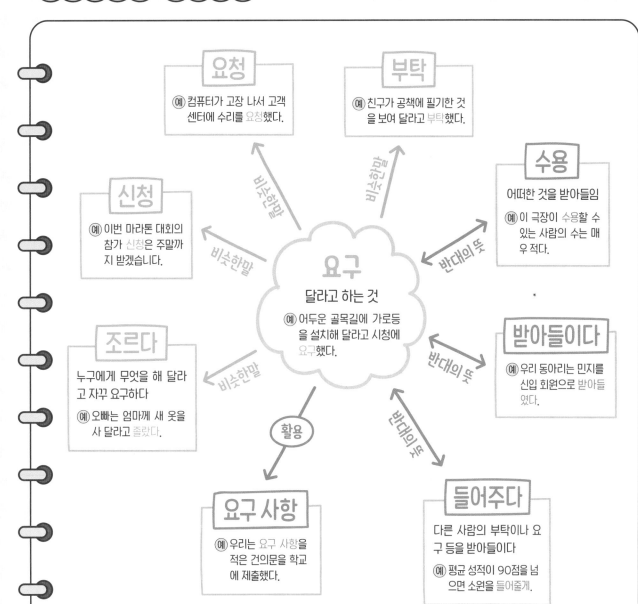

요청
(예) 컴퓨터가 고장 나서 고객 센터에 수리를 요청했다.

부탁
(예) 친구가 공책에 필기한 것을 보여 달라고 부탁했다.

수용
어떠한 것을 받아들임
(예) 이 극장이 수용할 수 있는 사람의 수는 매우 적다.

신청
(예) 이번 마라톤 대회의 참가 신청은 주말까지 받겠습니다.

요구
달라고 하는 것
(예) 어두운 골목길에 가로등을 설치해 달라고 시청에 요구했다.

받아들이다
(예) 우리 동아리는 민지를 신입 회원으로 받아들였다.

조르다
누구에게 무엇을 해 달라고 자꾸 요구하다
(예) 오빠는 엄마께 새 옷을 사 달라고 졸랐다.

비슷한말 / 비슷한말 / 비슷한말 / 비슷한말 / 반대의 뜻 / 반대의 뜻 / 반대의 뜻 / 활용

요구 사항
(예) 우리는 요구 사항을 적은 건의문을 학교에 제출했다.

들어주다
다른 사람의 부탁이나 요구 등을 받아들이다
(예) 평균 성적이 90점을 넘으면 소원을 들어줄게.

문장으로 확장하기

상대편은 마음에 없는데, 자기 스스로 요구하여 대접을 받는 경우를 비유적으로 이르는 말이에요.

속담
엎드려 절 받기

(예) 엎드려 절 받는다고, 생일이라고 여러 번 이야기해서 선물을 사 줬어.

1 다음 그림을 보고, 빈칸에 들어갈 알맞은 낱말을 보기 에서 찾아 써 보세요.

이것 좀 보여 줄 수 있어?

보기

| 부탁 | 부족 | 부분 | 부근 |

친구가 수업 시간에 공책에 필기한 것을 보여
달라고 [ ] 했다.

➡ _____

2 '요구'를 잘 사용했으면 ○표, 잘못 사용했으면 ✕표 해 보세요.

(1) 어젯밤부터 내리던 비가 오늘도 요구된다. (   )
(2) 어두운 골목길에 가로등을 설치해 달라고 시청에 요구했다. (   )

3 아래의 문장에서 빈칸에 들어갈 알맞은 말을 찾아 ○표 해 보세요.

(1) 오빠는 엄마에게 새 옷을 사 달라고 [ ]. | 들었다 | 졸랐다 |
(2) 컴퓨터가 고장 나서 고객 센터에 수리를 [ ] 했다. | 요청 | 초청 |
(3) 우리 동아리는 민지를 신입 회원으로 [ ]. | 나가 버렸다 | 받아들였다 |

4 밑줄 친 말을 보기 중 하나로 바꾸어 올바른 문장으로 고쳐 써 보세요.

보기

| 팔아 줄게 | 버려 줄게 | 들어줄게 | 안아 줄게 |

평균 성적이 90점을 넘으면 소원을 지워 줄게.

➡ _____

1 '상대편은 마음에 없는데 자기 스스로 요구하여 대접을 받는 경우'를 비유적으로 이르는 속담은 무엇일까요? (　　　)

① 누워서 떡 먹기

② 엎드려 절 받기

③ 앉아 주고 서서 받는다

④ 구르는 돌은 이끼가 안 낀다

3주

2 방송에서 선생님이 학생들에게 요구하는 것을 골라 보세요. (　　　)

복도에서 뛰지 맙시다.
실내화를 꼭 신읍시다.

① 운동장에 절대 못 나간다.

② 복도에서 뛰지 않는다.

③ 교실에서는 신발을 신고 다닌다.

④ 친구들끼리 놀지 않는다.

3 다음 글의 빈칸에 들어갈 낱말로 알맞은 것을 골라 보세요. (　　　)

공주님이 연못에서 황금 공을 찾고 있을 때, 개구리가 나타나 공주님에게 말했어요.
"공주님, 울지 마세요. 제가 황금 공을 찾아 드릴게요. 대신 공주님도 제 소원을 하나 들어주세요."
공을 찾고 싶은 공주님은 개구리에게 무엇이든 다 해 주겠다고 약속했어요. 그러자 개구리는 공주님과 결혼하고 싶다고 [　　　] 했지요.

① 요란

② 요소

③ 요구

④ 요약

일정

하나로 정해짐

어떤 것의 크기, 모양, 범위, 시간 등이 하나로 정해져 있을 때 쓰는 말이에요.

어휘 뜻 익히기

1 위의 그림에서 일정한 것은 무엇인가요? (   )

① 성적표 개수   ② 시험 잘 친 횟수   ③ 시험 종류   ④ 시험 점수

2 '일정'이라는 말이 무슨 뜻일지 짐작해 보고, 알맞은 것에 ○표 해 보세요.

[하나로 정해짐]   [여러 개로 정해짐]   [하나로 줄임]   [여러 개로 늘림]

3 낱말을 따라 쓰고, 소리 내어 읽어 보세요.

일	정						

어휘망으로 확장하기

고르다

높낮이, 크기, 모양 등이 차이가 없이 한결같다

예 도로가 고르지 않아서 자동차가 심하게 흔들렸다.

들쑥날쑥

들어가기도 하고 나오기도 하여 가지런하지 않은 모양

예 냇가에 크고 작은 돌들이 들쑥날쑥 널려 있다.

엉망

예 갯벌에서 비를 맞고 놀았더니, 옷이 엉망이다.

일정
하나로 정해짐

예 그 식당은 일정 금액을 내면 마음껏 먹을 수 있다.

비슷한말

반대의 뜻

나란하다

예 운동장에 아이들이 나란히 줄지어서 있어요.

비슷한말

가지런하다

예 아이들은 벗은 신발을 가지런히 정리했다.

비슷한말

헷갈리기 쉬운 말

반대의 뜻

뒤죽박죽

여러 가지가 마구 뒤섞여서 엉망이 된 모양 또는 그 상태

예 뒤죽박죽으로 섞여 있는 책 좀 정리하렴.

일정(日程)

정한 기간에 해야 할 일을 날짜나 시간별로 짜 놓은 것

예 수영이네 가족은 모두 모여 제주도 여행 일정을 짰다.

3주

문장으로 확장하기

세상일에는 다 일정한 순서가 있는 것이니, 급하다고 하여 억지로 할 수는 없다는 속담이에요.

속담 겨울이 지나지 않고 봄이 오랴

예 겨울이 지나지 않고 봄이 오겠니? 힘들어도 물에 뜨는 것부터 연습해야 자유영, 배영, 평영 등 다양하게 수영을 할 수 있어.

어휘 뜻 확인하기

1 다음 그림을 보고, 빈칸에 들어갈 알맞은 낱말을 보기 에서 찾아 써 보세요.

휴~, 다 했다.

보기

| 흐리멍덩 | 가지런히 | 뒤죽박죽 | 엉망진창 |

친구들이 벗어 놓은 신발을 [   ] 정리했다.

➡ _____

2 '일정'을 잘 사용했으면 ○표, 잘못 사용했으면 ✕표 해 보세요.

(1) 부모님께서는 여행을 다녀와도 좋다고 일정하셨다. (   )

(2) 이 컴퓨터는 일정 시간 동안 사용하지 않으면 자동으로 꺼진다. (   )

3 아래의 문장에서 빈칸에 들어갈 알맞은 말을 찾아 ○표 해 보세요.

(1) 도로가 [   ] 않아서 자동차가 심하게 흔들렸다. | 고르지 | 고프지 |

(2) 운동장에 아이들이 [   ] 줄지어 서 있어요. | 나뉘게 | 나란히 |

(3) 냇가에 크고 작은 돌들이 [   ] 널려 있다. | 들쑥날쑥 | 쑥덕쑥덕 |

4 밑줄 친 말을 보기 중 하나로 바꾸어 올바른 문장으로 고쳐 써 보세요.

보기

| 나란하게 | 줄지어서 | 뒤죽박죽으로 | 차례차례 |

바닥에 <u>가지런하게</u> 널려 있는 장난감 좀 정리하렴.

➡ _____

① 다음 그림에 어울리는 속담은 무엇인가요? (　　　)

① 봄꽃도 한때

② 겨울이 지나지 않고 봄이 오랴

③ 겨울이 다 되어야 솔이 푸른 줄 안다

④ 겨울바람이 봄바람보고 춥다 한다

3주

② 다음 그림을 보고, 아이가 일정하게 정리한 것을 골라 보세요. (　　　)

① 빗자루

② 책

③ 걸레

④ 집

③ 다음 글의 빈칸에 들어갈 낱말로 알맞은 것을 골라 보세요. (　　　)

강아지 밍키가 아파서 동물 병원에 다녀왔다. 의사 선생님께서는 약만 잘 먹으면 금방 나을 거라고 하셨다. 엄마는 밍키를 돌보는 일을 나에게 맡기셨다. 밍키가 빨리 나으려면, □한 시간에 약을 먹어야 하는데 내가 잘 챙겨 줄 수 있을지 걱정이다.

① 일정　　　　　② 냉정　　　　　③ 일반　　　　　④ 걱정

주의

조심하는 것
❶ 마음에 새겨 두고 조심함
❷ 어떤 한 곳이나 일에 관심을 집중하여 기울임

어휘 뜻 익히기

(1) 위의 그림에서 아이가 주의해야 하는 것은 무엇인가요? ( )

① 팔을 마음껏 움직여도 된다.　　　② 엄마께 무엇이든 부탁한다.

③ 팔을 무리하게 움직이지 않는다.　　④ 할 일은 나중에 한다.

(2) '주의'라는 말이 무슨 뜻일지 짐작해 보고, 알맞은 것에 ○표 해 보세요.

칭찬　　　　허락　　　　조심　　　　모름　　　　꾸중

(3) 낱말을 따라 쓰고, 소리 내어 읽어 보세요.

주의

어휘망으로 확장하기

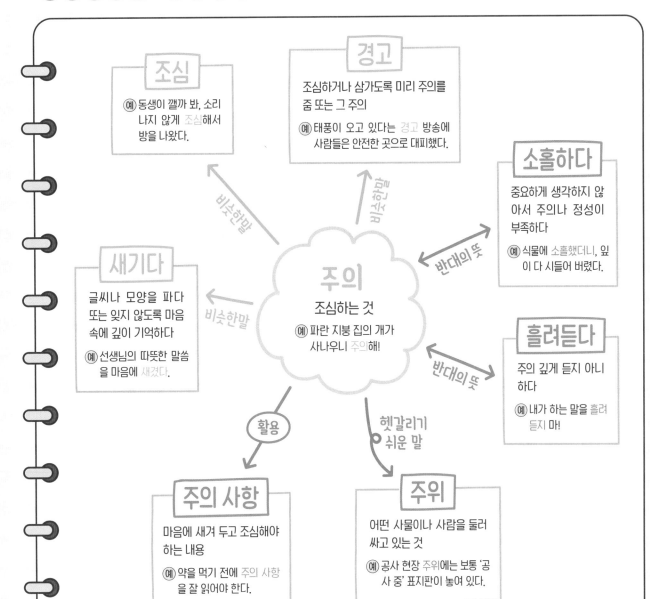

조심

㉠ 동생이 깰까 봐, 소리 나지 않게 조심해서 방을 나왔다.

경고

조심하거나 삼가도록 미리 주의를 줌 또는 그 주의

㉠ 태풍이 오고 있다는 경고 방송에 사람들은 안전한 곳으로 대피했다.

소홀하다

중요하게 생각하지 않아서 주의나 정성이 부족하다

㉠ 식물에 소홀했더니, 잎이 다 시들어 버렸다.

비슷한말

비슷한말

새기다

글씨나 모양을 파다 또는 잊지 않도록 마음 속에 깊이 기억하다

㉠ 선생님의 따뜻한 말씀을 마음에 새겼다.

비슷한말

반대의 뜻

주의

조심하는 것

㉠ 파란 지붕 집의 개가 사나우니 주의해!

흘려듣다

주의 깊게 듣지 아니하다

㉠ 내가 하는 말을 흘려듣지 마!

반대의 뜻

활용

헷갈리기 쉬운 말

주의 사항

마음에 새겨 두고 조심해야 하는 내용

㉠ 약을 먹기 전에 주의 사항을 잘 읽어야 한다.

주위

어떤 사물이나 사람을 둘러싸고 있는 것

㉠ 공사 현장 주위에는 보통 '공사 중' 표지판이 놓여 있다.

3주

문장으로 확장하기

잘 아는 일이라도 세심하게 주의를 기울이라는 속담이에요.

속담
돌다리도 두들겨 보고 건너라

㉠ 돌다리도 두들겨 보고 건너라고 했어. 늘 타던 차라도 먼 길 가기 전에는 꼭 정비를 받아야 해.

어휘 뜻 확인하기

1 다음 그림을 보고, 빈칸에 들어갈 알맞은 낱말을 보기 에서 찾아 써 보세요.

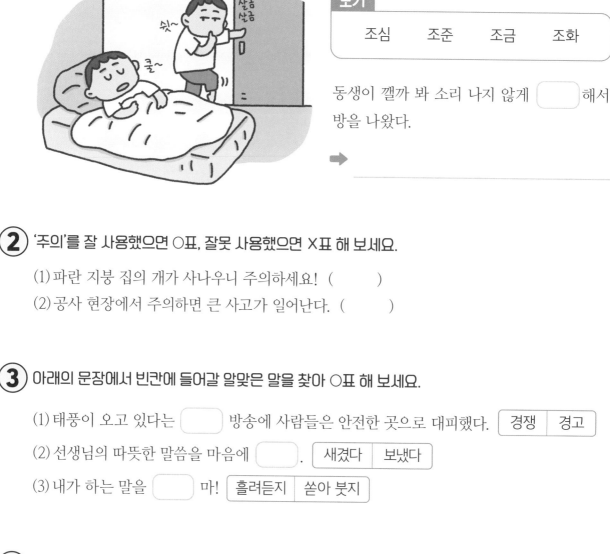

보기

| 조심 | 조준 | 조금 | 조화 |

동생이 깰까 봐 소리 나지 않게 [   ] 해서
방을 나왔다.

➡ _____

2 '주의'를 잘 사용했으면 ○표, 잘못 사용했으면 ✕표 해 보세요.

(1) 파란 지붕 집의 개가 사나우니 주의하세요! (   )
(2) 공사 현장에서 주의하면 큰 사고가 일어난다. (   )

3 아래의 문장에서 빈칸에 들어갈 알맞은 말을 찾아 ○표 해 보세요.

(1) 태풍이 오고 있다는 [   ] 방송에 사람들은 안전한 곳으로 대피했다. [경쟁 | 경고]
(2) 선생님의 따뜻한 말씀을 마음에 [   ]. [새겼다 | 보냈다]
(3) 내가 하는 말을 [   ] 마! [흘려듣지 | 쏟아 붓지]

4 밑줄 친 말을 보기 중 하나로 바꾸어 올바른 문장으로 고쳐 써 보세요.

보기

| 조심했더니 | 소홀했더니 | 소중했더니 | 정확했더니 |

식물에 확실했더니, 잎이 다 시들어 버렸다.

➡ _____

1 '잘 아는 일이라도 세심하게 주의를 하라'는 뜻의 속담은 무엇일까요? (   )

① 돌다리도 두들겨 보고 건너라

② 구르는 돌은 이끼가 안 낀다

③ 돌을 차면 발부리만 아프다

④ 뱁새가 황새를 따라가면 다리가 찢어진다

3주

2 놀이동산에 갔을 때 주의할 점이 <u>아닌</u> 것을 골라 보세요. (   )

① 안전장치는 꼭 해야 한다.

② 위험하게 장난치지 않는다.

③ 보호자와 함께 다닌다.

④ 새치기를 해서 빠르게 놀이

기구를 탄다.

3 다음 글의 빈칸에 들어갈 낱말로 알맞은 것을 골라 보세요. (   )

기온이 높고 습도가 높은 여름에는 늘 식중독을 조심해야 합니다. 특히 장마철에는 한층 더 [   ]를 기울여야 합니다. 평소보다 세균이 번식하기 쉽고, 음식물이 쉽게 상하기 때문입니다. 그래서 손 씻기, 음식 익혀 먹기, 물 끓여 먹기 등 식중독 3대 예방 수칙을 철저히 지키는 것이 매우 중요합니다.

① 회의   ② 주의   ③ 예의   ④ 의의

주장

생각을 강하게 내세움

어떤 대상에 대한 자신의 생각을 강하게 내세울 때 쓰는 말이에요.

어휘 뜻 익히기

(1) 위의 그림에서 자매는 무엇을 주장할 생각인가요? (   )

① 잡곡밥을 먹자.　　　　　　② 피자는 콜라와 먹어야 맛있다.

③ 좋은 말만 하자.　　　　　　④ 채소와 고기가 골고루 있는 피자를 먹자.

(2) '주장'이라는 말이 무슨 뜻일지 짐작해 보고, 알맞은 것에 ○표 해 보세요.

무엇이든 들어줌　　　　생각을 강하게 내세움　　　　무조건 반대함　　　　귀를 기울임

(3) 낱말을 따라 쓰고, 소리 내어 읽어 보세요.

주 장

어휘망으로 확장하기

의견

(예) 모든 일은 도은이의 의견 대로 결정되었다.

목소리

목구멍에서 나는 소리 또는 의견이나 주장을 비유적으로 이르는 말

(예) 정치인은 국민의 목소리에 귀를 기울여야 한다.

비슷한말

비슷한말

따라가다

다른 사람이나 동물이 가는 대로 가다 또는 다른 사람의 행동이나 명령을 그대로 하다

(예) 현지는 매번 미호가 하자는 대로 따라간다.

반대의 뜻

3주

주장

생각을 강하게 내세움

(예) 지호는 유기견 봉사 활동을 가야 한다고 주장했다.

견해

어떤 대상에 대한 자신의 생각

(예) 자신의 견해가 분명히 드러나는 글을 써 보세요.

비슷한말

반대의 뜻

복종

다른 사람의 명령이나 생각에 그대로 따름

(예) 조선 시대 하인들은 주인의 말에 무조건 복종해야만 했어요.

합성어

헷갈리기 쉬운 말

자기주장

자신의 의견이나 생각을 당당하고 자신 있게 주장하는 일

(예) 수빈이는 처음부터 끝까지 일관되게 자기주장을 내세웠다.

주장(主將)

운동 경기에서 팀을 대표하는 선수

(예) 민지는 우리 팀의 주장을 맡고 있다.

문장으로 확장하기

(속담)
사공*이 많으면 배가 산으로 간다

(예) 사공이 많으면 배가 산으로 간다더니, 다들 자기 하고 싶은 말만 하니까 학급 회의가 끝나지 않아.

여러 사공이 자기가 원하는 곳으로만 배를 몰면 결국 배가 물이 아닌 산으로 올라간다는 뜻으로, 각자 자신의 주장만 내세우면 일이 제대로 되기 어렵다는 속담이에요.

*사공: 배를 부리는 일을 직업으로 하는 사람

어휘 뜻 확인하기

1 다음 그림을 보고, 빈칸에 들어갈 알맞은 낱말을 **보기** 에서 찾아 써 보세요.

보기

견고	견해	오해	막연

자신의 〔　　　〕(이)가 분명히 드러나는 글을 써 보세요.

➡ _____

2 '주장'을 잘 사용했으면 ○표, 잘못 사용했으면 ✕표 해 보세요.

(1) 네 말은 터무니없는 주장이다. (　　　)
(2) 골키퍼는 순간적인 실수로 골을 주장했다. (　　　)

3 아래의 문장에서 빈칸에 들어갈 알맞은 말을 찾아 ○표 해 보세요.

(1) 모든 일은 도은이의 〔　　〕대로 결정되었다. 　의견 ┃ 의미
(2) 정치인은 국민의 〔　　〕에 귀를 기울여야 한다. 　겉모습 ┃ 목소리
(3) 현지는 매번 미호가 하자는 대로 〔　　〕. 　내세운다 ┃ 따라간다

4 밑줄 친 말을 **보기** 중 하나로 바꾸어 올바른 문장으로 고쳐 써 보세요.

보기

복잡	복합	복종	각종

조선 시대 하인들은 주인의 말에 무조건 <u>주장</u>해야만 했어요.

➡ _____

1 다음 그림에 어울리는 속담은 무엇인가요? (   )

① 손 안 대고 코 풀기
② 남의 손의 떡은 커 보인다
③ 까마귀 날자 배 떨어진다
④ 사공이 많으면 배가 산으로 간다

3주

2 다음 그림의 의사가 주장하고 있는 것을 골라 보세요. (   )

① 고기를 많이 먹어야 한다.
② 채소를 많이 먹어야 한다.
③ 과자를 많이 먹어야 한다.
④ 과일을 먹지 말아야 한다.

3 다음 글의 빈칸에 들어갈 낱말로 알맞은 것을 골라 보세요. (   )

> "제 보자기에는 삼백 냥이 들어 있었습니다."
> 보자기 속에는 분명 이백 냥이 들어 있었는데, 보자기 주인은 삼백 냥이 들어 있었다고 ⬚
> 했어요. 그러자 보자기 주인의 욕심을 알아차린 원님이 말했어요.
> "어허, 이상하구나. 이 비단 보자기 안에는 이백 냥밖에 들어 있지 않았는데…, 그렇다면 이 보
> 자기는 네 것이 아니로구나."

① 주의   ② 긴장   ③ 주장   ④ 주제

확인 학습

1 다음 문장에 들어갈 알맞은 낱말을 보기 에서 찾아 써 보세요.

보기

주제	주장	주위	주의

약을 먹기 전에 _____ 사항을 잘 읽어야 한다.

2 '요구'를 잘 사용했으면 ○표, 잘못 사용했으면 ✕표 해 보세요.

(1) 아빠는 내 요구를 흔쾌히 들어주셨다. (　　)
(2) 계속 사실을 숨기면 요구가 될 거야. (　　)

3 아래의 문장에서 빈칸에 들어갈 알맞은 말을 찾아 ○표 해 보세요.

(1) 도로 양옆에는 가로수들이 [　　]하게 서 있다.　[일정 | 일상]

(2) 화단에 [　　]하게 올라온 잡초를 뽑았다.　[들쑥날쑥 | 뒤뚱뒤뚱]

(3) 페인트로 벽을 빈틈없이 [　　] 칠했다.　[고르게 | 고치게]

4 밑줄 친 말을 보기 중 하나로 바꾸어 올바른 문장으로 고쳐 써 보세요.

보기

주민	주장	가장	긴장

민정이의 조건에 따라 우리 반은 일주일에 두 권씩 책을 읽기로 했다.

➡ _____

5 다음 문장의 순서가 바르게 되도록 다시 써 보세요.

다 망친다. / 씨 뿌릴 / 놓치면 / 한 해 농사를 / 시기를

➡ _____

'각자 자신의 주장만 내세우면 일이 제대로 되기 어렵다'는 뜻의 속담은 무엇일까요?

( )

① 사공이 많으면 배가 산으로 간다

② 까마귀 날자 배 떨어진다

③ 눈 감고 따라간다

④ 배보다 배꼽이 더 크다

 물놀이할 때 주의 사항으로 알맞지 않은 것을 골라 보세요. ( )

① 깊은 곳에 들어가지 않는다.

② 안전 장비를 착용해야 한다.

③ 먼 곳까지 혼자 헤엄쳐 간다.

④ 물에 들어가기 전에 꼭 준비

운동을 한다.

 다음 글의 빈칸에 들어갈 낱말로 알맞은 것을 골라 보세요. ( )

"내 노랫소리는 이 혹에서 나오는 것이라오."

"아하! 그 혹이 노래 주머니였군. 큰 재물을 줄 테니 그 혹을 나에게 파시오."

도깨비는 할아버지에게 혹을 자기에게 팔라고 ⬚ 했어요.

① 요구 　　　② 요약 　　　③ 도구 　　　④ 기구

판단 | 생각을 정함

자신의 기준에 따라 어떠한 것에 관한 생각을 정한다는 뜻이에요.

어휘 뜻 익히기

1 위의 그림에서 아이는 어떤 판단을 내렸나요? (   )

① 공부를 그만해야겠다.　　　　　② 게임을 해야겠다.

③ 공부를 더 해야겠다.　　　　　　④ 잠을 자야겠다.

2 '판단'이라는 말이 무슨 뜻일지 짐작해 보고, 알맞은 것에 ○표 해 보세요.

생각을 정함　　　　정하기 어려움　　　　행동이 비슷함　　　　생각이 같음

3 낱말을 따라 쓰고, 소리 내어 읽어 보세요.

판 단

어휘망으로 확장하기

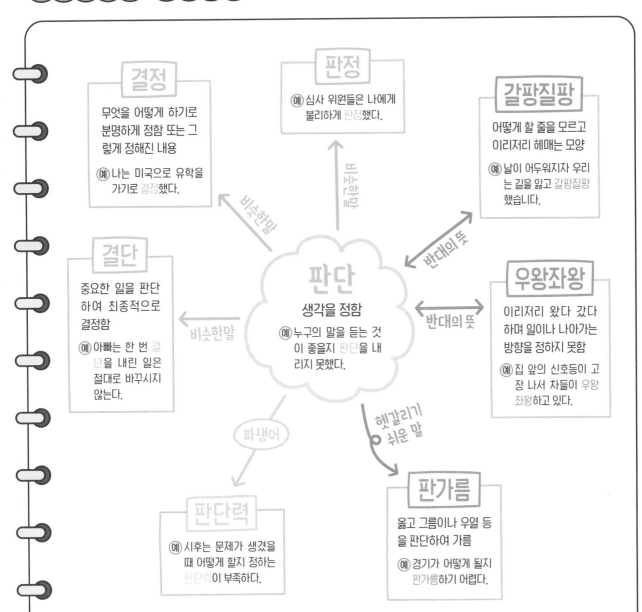

결정

무엇을 어떻게 하기로 분명하게 정함 또는 그렇게 정해진 내용

예 나는 미국으로 유학을 가기로 결정했다.

판정

예 심사 위원들은 나에게 불리하게 판정했다.

갈팡질팡

어떻게 할 줄을 모르고 이리저리 헤매는 모양

예 날이 어두워지자 우리는 길을 잃고 갈팡질팡했습니다.

결단

중요한 일을 판단하여 최종적으로 결정함

예 아빠는 한 번 결단을 내린 일은 절대로 바꾸시지 않는다.

판단

생각을 정함

예 누구의 말을 듣는 것이 좋을지 판단을 내리지 못했다.

우왕좌왕

이리저리 왔다 갔다 하며 일이나 나아가는 방향을 정하지 못함

예 집 앞의 신호등이 고장 나서 차들이 우왕좌왕하고 있다.

비슷한말   비슷한말   반대의 뜻   비슷한말   반대의 뜻   파생어   헷갈리기 쉬운 말

판단력

예 시후는 문제가 생겼을 때 어떻게 할지 정하는 판단력이 부족하다.

판가름

옳고 그름이나 우열 등을 판단하여 가름

예 경기가 어떻게 될지 판가름하기 어렵다.

4주

문장으로 확장하기

속담
까마귀가 검기로 마음도 검겠나

예 까마귀가 검기로 마음도 검겠어? 민혁이는 겉모습은 차가워 보이지만, 누구보다 마음이 따뜻한 친구야.

겉모습만 보고 속까지 판단하지 말라는 뜻이에요.

1 다음 그림을 보고, 빈칸에 들어갈 알맞은 낱말을 보기 에서 찾아 써 보세요.

보기

| 결과 | 결정 | 인정 | 걱정 |

나는 미국으로 유학을 가기로 [　　] 했다.

➡ _____

2 '판단'을 잘 사용했으면 ○표, 잘못 사용했으면 ✕표 해 보세요.

(1) 그 회사는 좋은 상품을 싸게 판단했다. (　　　)
(2) 누구의 말을 듣는 것이 좋을지 판단을 내리지 못하겠다. (　　　)

3 아래의 문장에서 빈칸에 들어갈 알맞은 말을 찾아 ○표 해 보세요.

(1) 아빠는 한 번 [　　]을 내린 일은 절대로 바꾸시지 않는다. | 결단 | 걱정 |
(2) 심사 위원들은 나에게 불리하게 [　　] 했다. | 과정 | 판정 |
(3) 집 앞의 신호등이 고장 나서 차들이 [　　]하고 있다. | 사실무근 | 우왕좌왕 |

4 밑줄 친 말을 보기 중 하나로 바꾸어 올바른 문장으로 고쳐 써 보세요.

보기

| 사뿐사뿐 | 갈팡질팡 | 들쑥날쑥 | 시시각각 |

날이 어두워지자 우리는 길을 잃고 차례차례했습니다.

➡ _____

1 '겉모습만 보고 속까지 판단하지 말라'는 뜻의 속담은 무엇일까요? (   )

① 까마귀 날자 배 떨어진다

② 까마귀가 검기로 마음도 검겠나

③ 까마귀 제 소리 하면 온다

④ 까마귀가 까치 보고 검다 한다

2 다음 그림을 보고, 사람들은 어떤 판단을 내릴지 골라 보세요. (   )

① 날씨가 좋아서 등산하기 좋다.

② 비가 와도 등산을 무조건 해야 한다.

③ 비바람 때문에 등산이 더 흥미진진하다.

④ 날씨가 나빠질 것 같으니 등산을 멈춰야
겠다.

3 다음 글의 빈칸에 들어갈 낱말로 알맞은 것을 골라 보세요. (   )

> "왜 좋은 옷에 술을 부어 더럽히십니까?"
> 대감의 질문에 원님이 웃으며 말했습니다.
> "어제 낡은 옷을 입고 왔을 때는 물벼락을 맞았는데, 오늘 좋은 옷을 입고 오니 술상을 받는구
> 려. 대감은 겉모습으로 사람을 [   ]하는 것 같으니, 대감이 대접하는 이 술상은 내가 아니라
> 옷이 받아야 하지 않겠소. 그래서 지금 옷에 술 한 잔 드리는 중이오."

① 중단   ② 수단   ③ 판단   ④ 판매

평가

정함
❶ 물건값을 헤아려 정함 또는 그 값
❷ 사물의 가치나 수준을 정함

언니, 친구들이 나를 어떻게 생각할지 신경 쓰여.

어깨 펴! 사람들의 평가는 상관하지 말고 스스로 자신감 있게 행동해!

난 자신감 좀 줄여야 돼.

아…, 그런 거야?

아니, 내가 자신감이 너무 넘치는 바람에…. 잘난 체를 좀 많이 한 것 같아.

으음, 그런 거라면 친구들 평가가 신경 쓰이긴 하겠네.

역시 좀 비호감 인가?

어휘 뜻 익히기

1 위의 그림에서 동생이 신경 쓰는 것은 무엇인가요? (　　　)

① 자신에 대한 친구들의 평가　　　② 친구들에 대한 자신의 평가
③ 자신에 대한 언니의 평가　　　　④ 언니의 자신감에 대한 평가

2 '평가'라는 말이 무슨 뜻일지 짐작해 보고, 알맞은 것에 ○표 해 보세요.

다름　　　　지킴　　　　정함　　　　나눔　　　　바름

3 낱말을 따라 쓰고, 소리 내어 읽어 보세요.

평가

어휘망으로 확장하기

감정
사물의 특성이나 참과 거짓, 좋고 나쁨을 구별하여 판정함

예) 골동품이 진짜인지 전문가에게 감정을 받아 봐야겠어.

비평
예) 삼촌은 영화가 원작 소설보다 못하다고 비평했다.

여기다
마음속으로 그러하다고 인정하거나 생각하다

예) 작은 생명이라도 모든 생명은 귀하게 여겨야 한다.

평
예) 김철수 씨는 성실하고 믿음직스럽다는 평을 듣고 있다.

비슷한말

평가
정함

예) 그 화가의 작품은 미술 전문가들에게 좋은 평가를 받았다.

반대의 뜻

받아들이다
예) 경험이 많은 언니의 충고를 받아들인 것이 나에게 큰 도움이 되었다.

시험
재능이나 실력 등을 일정한 순서에 따라 검사하고 평가하는 일

예) 시험 점수가 60점 이상 되어야 합격이다.

비슷한말

합성어

과대평가
실제보다 지나치게 높게 평가함

예) 시은이는 자신에 대한 과대평가가 부담스러웠다.

합성어

과소평가
사실보다 작거나 약하게 평가함

예) 상대에 대한 과소평가가 상황을 더욱 어렵게 만들었다.

4주

문장으로 확장하기

속담
경주 돌이면 다 옥석인가

사물을 평가할 때, 그것이 나는 곳이나 그 이름만으로는 판단할 수 없다는 속담이에요.

예) 경주 돌이면 다 옥석인가? 유명한 음식점이라 해도 맛이 없을 수도 있지.

어휘 뜻 확인하기

1 다음 그림을 보고, 빈칸에 들어갈 알맞은 낱말을 보기 에서 찾아 써 보세요.

보기

| 감시 | 감정 | 감각 | 감지 |

이 도자기가 진짜인지 전문가에게 ☐
(을)를 받아 봐야겠어.

➡ _____

2 '평가'를 잘 사용했으면 ○표, 잘못 사용했으면 ✕표 해 보세요.

(1) 지진이 났다는 평가 방송에 걱정이 많아졌다. (　　　)

(2) 그 화가의 작품은 미술 전문가들에게 좋은 평가를 받았다. (　　　)

3 아래의 문장에서 빈칸에 들어갈 알맞은 말을 찾아 ○표 해 보세요.

(1) 삼촌은 영화가 원작 소설보다 못하다고 ☐했다. [비밀 | 비평]

(2) 김철수 씨는 성실하고 믿음직스럽다는 ☐을 듣고 있다. [평 | 벌]

(3) 그 모자는 값과 디자인에서 좋은 ☐를 받았다. [평가 | 휴가]

4 밑줄 친 말을 보기 중 하나로 바꾸어 올바른 문장으로 고쳐 써 보세요.

보기

| 무시하는 | 평가하는 | 받아들인 | 지나가는 |

경험이 많은 형의 충고를 <u>듣지 않는</u> 것이 나에게 큰 도움이 되었다.

➡ _____

1 다음 그림이 설명하는 속담은 무엇인가요? (　　　)

① 돌을 차면 발부리만 아프다
② 구르는 돌은 이끼가 안 낀다
③ 꿩 먹고 알 먹는다
④ 경주 돌이면 다 옥석인가

2 다음 그림에서 화살표가 가리키는 사람들이 하는 일을 골라 보세요. (　　　)

① 음식값을 낸다.
② 요리사를 돕는다.
③ 재료를 손질한다.
④ 요리 과정과 맛을 평가한다.

3 다음 글의 빈칸에 들어갈 낱말로 알맞은 것을 골라 보세요. (　　　)

방정환은 우리나라 어린이들이 가장 기다리는 '어린이날'을 만든 사람입니다. 방정환은 '어린이'
라는 말을 공식적으로 처음 사용하였는데 어린이를 젊은이, 늙은이와 대등하게 존중하여 부르자
는 뜻이었습니다. 이러한 방정환은 오늘날 어린이들의 대부*로 　　　 받고 있습니다.

*대부: 어떤 분야에서 영향력이 큰 남자 지도자

① 평가　　　　　② 평균　　　　　③ 평범　　　　　④ 평화

평균

중간 값
❶ 여러 사물의 질이나 양을 고르게 한 것
❷ 수나 양, 정도의 중간 값을 갖는 수

어휘 뜻 익히기

1 위의 그림에서 용훈이가 남는 이유는 무엇인가요? (   )

① 기분 좋은 일이 생겨서

② 서영이와 같이 놀기 싫어서

③ 시험 평균 점수가 60점 이하라서

④ 시험 평균 점수가 60점 이상이라서

2 '평균'이라는 말이 무슨 뜻일지 짐작해 보고, 알맞은 것에 ○표 해 보세요.

최고 값   최댓값   중간 값   최솟값

3 낱말을 따라 쓰고, 소리 내어 읽어 보세요.

평 균

어휘망으로 확장하기

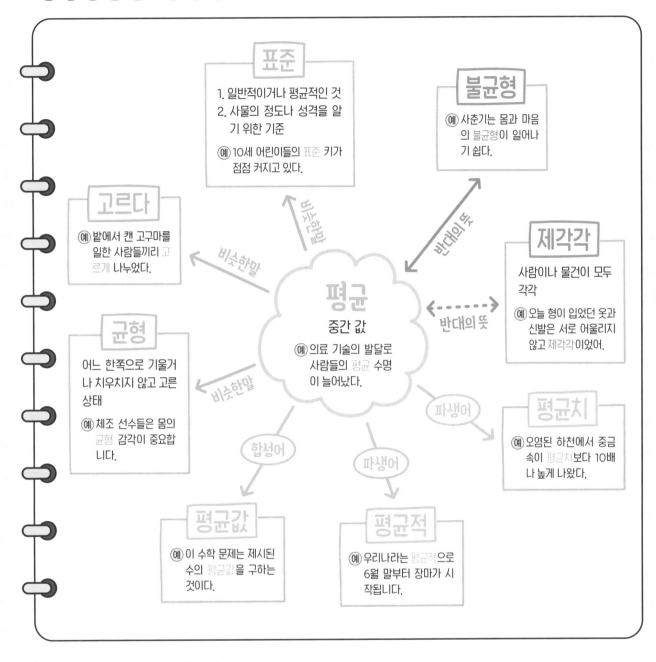

표준
1. 일반적이거나 평균적인 것
2. 사물의 정도나 성격을 알기 위한 기준
(예) 10세 어린이들의 표준 키가 점점 커지고 있다.

불균형
(예) 사춘기는 몸과 마음의 불균형이 일어나기 쉽다.

고르다
(예) 밭에서 캔 고구마를 일한 사람들끼리 고르게 나누었다.

제각각
사람이나 물건이 모두 각각
(예) 오늘 형이 입었던 옷과 신발은 서로 어울리지 않고 제각각이었어.

평균
중간 값
(예) 의료 기술의 발달로 사람들의 평균 수명이 늘어났다.

균형
어느 한쪽으로 기울거나 치우치지 않고 고른 상태
(예) 체조 선수들은 몸의 균형 감각이 중요합니다.

평균치
(예) 오염된 하천에서 중금속이 평균치보다 10배나 높게 나왔다.

비슷한말 / 반대의 뜻 / 파생어 / 합성어

평균값
(예) 이 수학 문제는 제시된 수의 평균값을 구하는 것이다.

평균적
(예) 우리나라는 평균적으로 6월 말부터 장마가 시작됩니다.

4주

문장으로 확장하기

어떤 것을 치우치지 않고 고르게 나누어 준다는 뜻이에요.

(속담)

콩도 닷 말 팥도 닷 말

(예) 콩도 닷 말 팥도 닷 말이란 말도 있잖니?
똑같이 나누어 줄 테니 기다려 봐.

1 다음 그림을 보고, 빈칸에 들어갈 알맞은 낱말을 보기 에서 찾아 써 보세요.

보기

| 균등 | 균형 | 균일 | 변형 |

체조 선수들은 몸의 ☐ 감각이 중요합니다.

➡ _____

2 '평균'을 잘 사용했으면 ○표, 잘못 사용했으면 ×표 해 보세요.

(1) 의료 기술의 발달로 사람들의 평균 수명이 늘어났다. (　　　)

(2) 나는 영은이와 싸워서 평균으로 집에 갔다. (　　　)

3 아래의 문장에서 빈칸에 들어갈 알맞은 말을 찾아 ○표 해 보세요.

(1) 10세 어린이들의 ☐ 키가 점점 커지고 있다. 표시 │ 표준

(2) 7과 5의 ☐ (은)는 6이다. 평균값 │ 값어치

(3) 사춘기는 몸과 마음의 ☐ 이 일어나기 쉽다. 평범 │ 불균형

4 밑줄 친 말을 보기 중 하나로 바꾸어 올바른 문장으로 고쳐 써 보세요.

보기

| 평균값 | 평균치 | 제각각 | 균형적 |

오늘 형이 입었던 옷과 신발은 서로 어울리지 않고 표준적이었어.

➡ _____

1 다음 그림에 어울리는 속담은 무엇인가요? (　　　)

자, 너 하나,
나 하나~

초코
과자

① 콩이야 팥이야 한다
② 콩도 닷 말 팥도 닷 말
③ 볶은 콩에 싹이 날까
④ 콩 심은 데 콩 나고 팥 심은 데 팥 난다

4주

2 다음 표를 보고, 우리나라는 평균적으로 언제부터 장마가 시작되는지 골라 보세요. (　　　)

서울 6월 29일
인천 6월 30일
강원 7월 1일
대전 6월 28일
부산 6월 26일
광주 6월 27일
제주 6월 25일

서울　강원
인천
대전
부산
광주
제주

① 6월 초
② 6월 말
③ 7월 초
④ 7월 말

3 다음 글의 빈칸에 들어갈 낱말로 알맞은 것을 골라 보세요. (　　　)

늑대들이 또다시 개들을 찾아왔어요.
"얘들아, 내 말 좀 들어 봐. 우리는 서로 친척 간이야. 겉모습을 좀 봐. 　　　적으로 다리가 짧고 몸집이 날씬해. 얼굴은 또 얼마나 비슷하게 생겼니? 그런데 서로 다른 삶을 사는 게 너무 안타까워. 우리 늑대들은 자유롭단다. 이제라도 너희가 지키는 양들을 데리고 산으로 가서 자유롭게 살아 보는 게 어때?"

① 일치
② 긍정
③ 평균
④ 사회

해결

문제를 처리하는 것

사건이나 문제, 일 등을 잘 풀거나 처리하는 것을 뜻해요.

어휘 뜻 익히기

1 위의 그림에서 시간이 해결해 주길 바라는 것은 무엇일까요? (　　　)

① 승민이와 싸우는 것

② 승민이에게 사과하는 것

③ 승민이와 다시 사이좋게 지내는 것

④ 승민이와 화해하지 않는 것

2 '해결'이라는 말이 무슨 뜻인지 짐작해 보고, 알맞지 <u>않은</u> 것에 ○표 해 보세요.

문제를 처리하는 것　　　일을 잘 끝내는 것　　　문제를 푸는 것　　　방향을 헤매는 것

3 낱말을 따라 쓰고, 소리 내어 읽어 보세요.

해 결

어휘망으로 확장하기

처리
일을 절차에 따라 정리해서 마무리함

예) 쓰레기가 점점 늘어나서 처리가 어렵다.

미해결
아직 해결되지 못함

예) 올해가 끝나기 전에 미해결 과제들을 모두 처리하자.

해답
예) 우리는 학교 폭력 문제에 대한 해답을 찾기 위해 모였다.

오리무중
무슨 일에 대하여 방향이나 갈피를 잡을 수 없음

예) 범인이 어디에 있는지 오리무중이다.

수습
어수선한 사태를 정리하여 바로잡음

예) 서로를 탓하기보다는 상황을 수습하는 것이 우선이다.

해결
문제를 처리하는 것

예) 모두 힘을 모아 어려운 문제를 해결했다.

비슷한말 · 반대의 뜻

미궁
들어가면 나오는 길을 쉽게 찾을 수 없는 곳 또는 문제나 사건이 복잡해서 해결하기 어려운 상태

예) 과학 기술의 발달로 오랫동안 미궁에 빠졌던 사건이 해결되었다.

파생어

헷갈리기 쉬운 말

해결책
어떠한 일이나 문제를 해결하기 위한 방법

예) 나의 스트레스 해결책은 산책하며 음악을 듣는 것이다.

해갈
목마름을 해결하여 없앰 또는 비가 내려 가뭄을 겨우 벗어남

예) 물 한 잔을 완전히 비우니 해갈이 되었다.

4주

문장으로 확장하기

남의 일에 참견하기 전에 자신의 급한 일부터 먼저 해결해야 함을 비유적으로 이르는 속담이에요.

속담
제 발등의 불을 먼저 끄랬다

예) 제 발등의 불을 먼저 끄라고, 지호의 소비를 지적하기 전에 내 소비부터 살펴봐야겠어.

1 다음 그림을 보고, 빈칸에 들어갈 알맞은 낱말을 보기 에서 찾아 써 보세요.

큰일이네….

보기

| 처음 | 처리 | 승리 | 지리 |

쓰레기가 점점 늘어나서 [   ](이)가 어렵다.

➡ _____

2 '해결'을 잘 사용했으면 ○표, 잘못 사용했으면 ✕표 해 보세요.

(1) 학교까지 거리가 너무 멀어 해결되었다. (   )

(2) 지수가 그 힘든 일을 혼자서 해결하겠대. (   )

3 아래의 문장에서 빈칸에 들어갈 알맞은 말을 찾아 ○표 해 보세요.

(1) 우리는 학교 폭력 문제에 대한 [   ]을 찾기 위해 모였다. | 해답 | 오답 |

(2) 서로를 탓하기보다는 상황을 [   ]하는 것이 우선이다. | 자습 | 수습 |

(3) 범인이 어디 있는지 [   ]이다. | 오리무중 | 경중경중 |

4 밑줄 친 말을 보기 중 하나로 바꾸어 올바른 문장으로 고쳐 써 보세요.

보기

| 궁전 | 미궁 | 양궁 | 고궁 |

과학 기술의 발달로 오랫동안 <u>궁중</u>에 빠졌던 사건이 해결되었다.

➡ _____

1 '남의 일에 참견하기 전에 자신의 급한 일부터 먼저 해결해야 한다'는 뜻의 속담은 무엇일까요?

(   )

① 타는 불에 부채질한다

② 싸움은 말리고 불은 끄랬다

③ 발 없는 말이 천 리 간다

④ 제 발등의 불을 먼저 끄랬다

4주

2 다음 그림을 보고, 동생은 문제를 어떻게 해결했는지 골라 보세요. (   )

이렇게 한번 풀어 봐!

형이 말하는 대로 하니까 문제가 풀리네!

① 혼자 생각해서 처리했다.

② 형이 알려 준 대로 풀었다.

③ 친구의 말을 듣고 해결했다.

④ 형이 혼내서 문제를 풀지 않았다.

3 다음 글의 빈칸에 들어갈 낱말로 알맞은 것을 골라 보세요. (   )

> 점심 급식을 먹고 난 후, 식판 놓는 곳에 마구 쌓이던 식판 탑이 결국 무너지고 말았다. 점심을 빨리 먹고 축구를 하려는 아이들이 식판과 숟가락, 젓가락을 겹쳐 놓았고, 뒤에 온 아이들도 어찌할 줄 몰라 똑같이 했기 때문이다. 우리가 보기에도 문제가 있었다. 그래서 오후에 학급 회의를 열어 □   방법을 함께 찾아보기로 했다.

① 해당   ② 해석   ③ 해결   ④ 판결

확실하다

틀림없이 그러하다
실제와 똑같거나 틀림없이
그러할 때 쓰는 말이에요.

어휘 뜻 익히기

1 위의 그림에서 확실한 것은 무엇인가요? (　　　)

① 아이가 감기에 걸린 것　　　　　② 아이가 오늘 학교에 못 가는 것
③ 엄마가 아파서 기침하는 것　　　④ 아이가 오늘 수학 시험을 보는 것

2 '확실하다'라는 말이 무슨 뜻일지 짐작해 보고, 알맞은 것에 ○표 해 보세요.

애매하다　　　　알쏭달쏭하다　　　　틀림없이 그러하다　　　　긴가민가하다

3 낱말을 따라 쓰고, 소리 내어 읽어 보세요.

확 실 하 다

어휘망으로 확장하기

틀림없다
(예) 힘없이 걷는 것을 보니, 정현이는 몸이 아픈 것이 틀림없다.

불확실하다
(예) 주위가 너무 시끄러워서 친구의 목소리가 맞는지 불확실하다.

분명
틀림없이 확실하게
(예) 용훈이가 아까까지 분명 자리에 있었는데?

알쏭달쏭하다
그런 것 같기도 하고 그렇지 않은 것 같기도 하여 얼른 알 수 없다
(예) 그 사람의 이름이 알쏭달쏭하여 그냥 얼버무렸다.

확실하다
틀림없이 그러하다
(예) 경기가 이렇게만 흘러가면 우리의 승리가 확실하다.

비슷한말

반대의 뜻

비슷한말

반대의 뜻

비슷한말

헷갈리기 쉬운 말

반대의 뜻

정확
(예) 윤서는 정확한 자세로 운동을 했다.

확신
굳게 믿음 또는 믿는 마음
(예) 식물을 돌보는 일을 하면, 행복할 것이라는 확신이 있다.

긴가민가하다
그런지 그렇지 않은지 분명하지 않다
(예) 수돗물을 잠갔는지 안 잠갔는지 긴가민가하네.

문장으로 확장하기

듣기만 여러 번 하는 것보다는 직접 경험하며 보는 것이 확실하다는 뜻이에요.

속담
백 번 듣는 것이 한 번 보는 것만 못하다

(예) 백 번 듣는 것이 한 번 보는 것만 못하다고, 가서 직접 물건을 확인하고 사는 것이 어떠니?

1 다음 그림을 보고, 빈칸에 들어갈 알맞은 낱말을 [보기] 에서 찾아 써 보세요.

어지러워~. 좀 누워야 겠어.

비틀~ 비틀~

보기

| 아니다 | 틀림없다 | 괜찮다 | 눕는다 |

힘없이 걷는 것을 보니 정현이는 몸이 아픈 것이 [   ].

➡

2 '확실하다'를 잘 사용했으면 ○표, 잘못 사용했으면 ✕표 해 보세요.

(1) 이 채소는 유기농 채소가 확실하다. (   )
(2) 날이 어두워지자 사람들은 길을 잃고 확실했다. (   )

3 아래의 문장에서 빈칸에 들어갈 알맞은 말을 찾아 ○표 해 보세요.

(1) 용훈이가 아까까지 [   ] 자리에 있었는데? | 설명 | 분명 |
(2) 윤서는 [   ] 한 자세로 운동을 했다. | 정확 | 정말 |
(3) 그 사람의 이름이 [   ] 하여 그냥 얼버무렸다. | 설렁설렁 | 알쏭달쏭 |

4 밑줄 친 말을 [보기] 중 하나로 바꾸어 올바른 문장으로 고쳐 써 보세요.

보기

| 거무충충 | 긴가민가 | 조심조심 | 부랴부랴 |

내가 수돗물을 잠갔는지 안 잠갔는지 <u>얼기설기</u>하네.

➡

1 다음 그림에 어울리는 속담은 무엇인가요? (   )

말로만 들었을 땐 몰랐는데, 직접 와서 보니 정말 멋지네!

와~

① 보기 좋은 떡이 먹기도 좋다
② 사람과 산은 멀리서 보는 게 낫다
③ 낮말은 새가 듣고 밤말은 쥐가 듣는다
④ 백 번 듣는 것이 한 번 보는 것만 못하다

2 다음 그림의 내용으로 확실한 것을 골라 보세요. (   )

3+4=7이니까….

수학 ○○○

① 아이는 국어 문제를 풀고 있다.
② 아이는 수학을 잘 못한다.
③ 3 더하기 4는 7이다.
④ 아이는 수학을 싫어한다.

3 다음 글의 빈칸에 들어갈 낱말로 알맞은 것을 골라 보세요. (   )

"구덩이로 다시 들어가셔서 어떻게 된 일인지 보여 주세요."
토끼의 말을 들은 호랑이는 통나무를 타고 성큼성큼 다시 구덩이로 들어갔어요. 그러자 토끼는 냉큼 통나무를 치우고 말했지요.
"호랑이님, 그 구덩이에 빠져 있던 게 ⬚ 하죠? 이렇게 통나무도 원래 없었고요."

① 확실   ② 확인   ③ 확장   ④ 확대

확인 학습

1 다음 문장에 들어갈 알맞은 낱말을 보기 에서 찾아 써 보세요.

> **보기**
>
> 평소   평균   평범   평가

겉모습만으로 사람을 _____ 하는 것은 옳지 않다.

2 '해결'을 잘 사용했으면 O표, 잘못 사용했으면 X표 해 보세요.

(1) 나의 스트레스 해결책은 음악을 듣는 것이다. (   )

(2) 희진이와 만날 약속 장소는 아직 해결이다. (   )

3 아래의 문장에서 빈칸에 들어갈 알맞은 말을 찾아 O표 해 보세요.

(1) 한 반의 학생들은 [   ]으로 몇 명 정도 되나요?   평균적 | 문화적

(2) 건강을 위해서는 [   ] 잡힌 영양 섭취가 중요하다.   균형 | 변형

(3) 나열된 숫자를 다 더한 후, 그 숫자들의 중간 값을 구한 것이 [   ]이다.

최댓값 | 평균값

4 밑줄 친 말을 보기 중 하나로 바꾸어 올바른 문장으로 고쳐 써 보세요.

> **보기**
>
> 경쟁심   갈등   판단력   생산력

나는 문제가 생겼을 때 어떻게 할지 결정하는 정직함이 부족하다.

➡ _____

5 다음 문장의 순서가 바르게 되도록 다시 써 보세요.

> 확실하다. / 기침하는 것을 / 감기가 / 열이 나고 / 보니

➡ _____

1 '치우침 없이 고르게 나누어 주는 경우'를 뜻하는 속담은 무엇일까요? (   )

① 볶은 콩에 싹이 날까

② 콩도 닷 말 팥도 닷 말

③ 콩을 팥이라고 우긴다

④ 콩 심어라 팥 심어라 한다

2 다음 그림을 보고, 아이들은 어떤 판단을 했는지 골라 보세요. (   )

① 덥지만 축구는 계속해야겠다.

② 너무 더워서 집에 돌아가야겠다.

③ 별로 덥지 않아서 축구 시합을 해야겠다.

④ 너무 더우니 밖에서 축구 시합을 해야겠다.

3 다음 글의 빈칸에 들어갈 낱말로 알맞은 것을 골라 보세요. (   )

> 아름다운 오스트리아의 자연과 제2차 세계 대전을 배경으로 한 영화 '사운드 오브 뮤직'은 개봉한 지 수십 년이 지났지만 아직까지 많은 이의 사랑을 받고 있습니다. 수많은 노래를 히트시켰으며, 영화 역사상 최고의 뮤지컬 영화 중 하나로 [   ] 받고 있습니다.

① 평온   ② 평등   ③ 평가   ④ 추가

1주 1일

8쪽 1. ③ 2. 서로 부딪침 10쪽 1. 충돌 2. X, ○ 3. 다투다, 화합, 친근 4. 언니는 성격이 원만해서 반 친구들과 잘 지낸다. 11쪽 1. ④ 2. ② 3. ③

1주 2일

12쪽 1. ① 2. 두드러지게 함 14쪽 1. 뚜렷 2. ○, X 3. 강화, 돋보였다, 흐리멍덩 4. 아무것도 결정하지 못하고, 회의가 흐지부지 끝나 버렸다. 15쪽 1. ① 2. ③ 3. ②

1주 3일

16쪽 1. ④ 2. 같거나 통함 18쪽 1. 공통 2. ○, X 3. 공유, 유일한, 개별 4. 두 선수가 같은 점수를 받아 공동 1위가 되었습니다. 19쪽 1. ① 2. ④ 3. ②

1주 4일

20쪽 1. ① 2. 간단한 것 22쪽 1. 손쉽게 2. X, ○ 3. 간략한, 간단, 어수선하다 4. 여러 가지 생각이 뒤죽박죽되어 머릿속이 복잡해졌다. 23쪽 1. ③ 2. ④ 3. ②

1주 5일

24쪽 1. ④ 2. 떠맡아서 함 26쪽 1. 교체 2. X, ○ 3. 대체, 교환, 직접 4. 하나 남은 그 다리가 골짜기를 건널 수 있는 유일한 다리예요. 27쪽 1. ④ 2. ② 3. ①

확인 학습

28쪽 1. 대신 2. X, ○ 3. 강조, 돋보였다, 약화하고 4. 전래 동화의 결말은 대부분 모든 갈등이 해결되면서 행복하게 마무리된다. 5. 공항에 가는 길은 쉽고 단순했다.

종합 문제

29쪽 1. ① 2. ④ 3. ②

2주 1일

30쪽 1. ③ 2. 달라짐 **32쪽** 1. 바뀌었다 2. X, ○ 3. 변경, 달라집니다, 계속 4. 큰 병을 이겨 내신 아빠는 건강을 <u>유지하기</u> 위해 꾸준히 운동하신다. **33쪽** 1. ③ 2. ② 3. ③

2주 2일

34쪽 1. ② 2. 만들어 냄 **36쪽** 1. 만들었다 2. ○, X 3. 제작, 제조, 소비 4. 한 가지 색 물감만 <u>써서</u> 그림을 완성했다. **37쪽** 1. ① 2. ② 3. ④

2주 3일

38쪽 1. ② 2. 고유한 성질 **40쪽** 1. 특성 2. X, ○ 3. 개성, 독특, 성품 4. 지현이는 <u>겉보기에는</u> 순해 보여도 결단력이 있다. **41쪽** 1. ③ 2. ④ 3. ③

2주 4일

42쪽 1. ② 2. 써서 없애는 것 **44쪽** 1. 사용 2. ○, X 3. 낭비, 썼어요, 만들었다 4. 다람쥐는 겨울을 나기 위해 도토리를 <u>모읍니다.</u> **45쪽** 1. ④ 2. ③ 3. ①

2주 5일

46쪽 1. ① 2. 이루는 방법 **48쪽** 1. 도구 2. ○, X 3. 방법, 발판, 수반 4. 올해 현주의 <u>목표는</u> 100권의 책을 읽는 것이다. **49쪽** 1. ④ 2. ③ 3. ②

확인 학습

50쪽 1. 소비 2. X, ○ 3. 변화, 보존, 지탱 4. 김진수 감독은 이전 영화와 <u>성격이</u> 많이 다른 영화를 찍었다. 5. 언어는 마음을 표현하는 수단이다.

종합 문제

51쪽 1. ② 2. ② 3. ②

52쪽 1. ② 2. 적당한 때 54쪽 1. 적기 2. ○, ✕ 3. 때, 기회, 지났다 4. 헐레벌떡 뛰어갔지만, 지하철을 놓치고 말았다. 55쪽 1. ④ 2. ④ 3. ③

56쪽 1. ② 2. 달라고 하는 것 58쪽 1. 부탁 2. ✕, ○ 3. 졸랐다, 요청, 받아들였다 4. 평균 성적이 90점을 넘으면 소원을 들어줄게. 59쪽 1. ② 2. ② 3. ③

60쪽 1. ④ 2. 하나로 정해짐 62쪽 1. 가지런히 2. ✕, ○ 3. 고르지, 나란히, 들쑥날쑥 4. 바닥에 뒤죽박죽으로 널려 있는 장난감 좀 정리하렴. 63쪽 1. ② 2. ② 3. ①

64쪽 1. ③ 2. 조심 66쪽 1. 조심 2. ○, ✕ 3. 경고, 새겼다, 흘려듣지 4. 식물에 소홀했더니, 잎이 다 시들어 버렸다. 67쪽 1. ① 2. ④ 3. ②

68쪽 1. ④ 2. 생각을 강하게 내세움 70쪽 1. 견해 2. ○, ✕ 3. 의견, 목소리, 따라간다 4. 조선 시대 하인들은 주인의 말에 무조건 복종해야만 했어요. 71쪽 1. ④ 2. ② 3. ③

확인 학습

72쪽 1. 주의 2. ○, ✕ 3. 일정, 들쑥날쑥, 고르게 4. 민정이의 주장에 따라 우리 반은 일주일에 두 권씩 책을 읽기로 했다. 5. 씨 뿌릴 시기를 놓치면 한 해 농사를 다 망친다.

종합 문제

73쪽 1. ① 2. ③ 3. ①

4주 1일

74쪽 1. ③ 2. 생각을 정함 **76쪽** 1. 결정 2. X, ○ 3. 결단, 판정, 우왕좌왕 4. 날이 어두워지자 우리는 길을 잃고 갈팡질팡했습니다. **77쪽** 1. ② 2. ④ 3. ③

4주 2일

78쪽 1. ① 2. 정함 **80쪽** 1. 감정 2. X, ○ 3. 비평, 평, 평가 4. 경험이 많은 형의 충고를 받아들인 것이 나에게 큰 도움이 되었다. **81쪽** 1. ④ 2. ④ 3. ①

4주 3일

82쪽 1. ③ 2. 중간 값 **84쪽** 1. 균형 2. ○, X 3. 표준, 평균값, 불균형 4. 오늘 형이 입었던 옷과 신발은 서로 어울리지 않고 제각각이었어. **85쪽** 1. ② 2. ② 3. ③

4주 4일

86쪽 1. ③ 2. 방향을 헤매는 것 **88쪽** 1. 처리 2. X, ○ 3. 해답, 수습, 오리무중 4. 과학 기술의 발달로 오랫동안 미궁에 빠졌던 사건이 해결되었다. **89쪽** 1. ④ 2. ② 3. ③

4주 5일

90쪽 1. ④ 2. 틀림없이 그러하다 **92쪽** 1. 틀림없다 2. ○, X 3. 분명, 정확, 알쏭달쏭 4. 내가 수돗물을 잠갔는지 안 잠갔는지 긴가민가하네. **93쪽** 1. ④ 2. ③ 3. ①

확인 학습

94쪽 1. 평가 2. ○, X 3. 평균적, 균형, 평균값 4. 나는 문제가 생겼을 때 어떻게 할지 결정하는 판단력이 부족하다. 5. 열이 나고 기침하는 것을 보니 감기가 확실하다.

종합 문제

95쪽 1. ② 2. ② 3. ③

놀라운 어휘
학습도구어 3

초판 1쇄 발행 2022년 11월 23일
초판 3쇄 발행 2023년 8월 10일

기획 다산스쿨 교육연구소, 북케어
글 다산스쿨 교육연구소, 손명정
그림 안주영, 이진아

펴낸이 김선식
펴낸곳 다산북스

경영총괄이사 김은영
어린이사업부총괄이사 이유남
책임편집 박슬기 **디자인** 양X호랭 DESIGN **책임마케터** 박상준
어린이콘텐츠사업4팀장 강지하 **어린이콘텐츠사업4팀** 최방울 박슬기
어린이디자인팀 남희정 남정임 김은지 이정아
마케팅본부장 권장규 **마케팅5팀** 최민용 안호성 박상준 송지은
미디어홍보본부장 정명찬 **브랜드관리팀** 안지혜 오수미 문윤정 이예주
저작권팀 한승빈 이슬 윤제희
재무관리팀 하미선 윤이경 김재경 이보람
인사총무팀 강미숙 김혜진 지석배 박예찬 황종원
제작관리팀 이소현 최완규 이지우 김소영 김진경 양지환
물류관리팀 김형기 김선진 한유현 전태환 전태연 양문현 최창우

출판등록 2005년 12월 23일 제313-2005-00277호
주소 경기도 파주시 회동길 490
전화 02-704-1724 **팩스** 02-703-2219
다산어린이 카페 cafe.naver.com/dasankids **다산어린이 블로그** blog.naver.com/stdasan
종이 신승지류유통 **인쇄** 한영문화사 **코팅** 평창피앤지 **제본** 국일문화사

ISBN 979-11-306-4203-1 (64700)
　　　979-11-306-4200-0 (세트)